Eine kurdische Kleinstadt im Norden Syriens: Der Spielplatz der Jungen, die dort leben, ist die Straße, die Regeln erfinden sie sich jeden Tag neu. Ob sie der Nachbarin zusehen, wie sie heimlichen Besuch vom Tabakhändler erhält, ob sie ihre Hähne zum Markt tragen oder im Kampf gegeneinander hetzen, ob sie einen bösartigen Sportlehrer zum jämmerlichen Opfer gemeiner Folter werden lassen oder ihre eigene Sexualität entdecken – alles ist ein einziges Abenteuer auf ihrem Weg ins Erwachsenendasein.
«Die beeindruckende Qualität dieses Buches liegt in der lyrisch inspirierten sinnlichen Sprachkraft, die abstößt und anzieht. Auf bedrängende Weise vermittelt sie in ungewohnten Bildern die existentielle Not des Erwachsenwerdens.» (Susanne Schanda in der ‹Berner Zeitung›)

Salim Barakat wurde 1951 im Norden Syriens, nahe der Grenze zur Türkei, geboren; er ist kurdischer Herkunft. Nach Stationen in Damaskus, Beirut und Zypern lebt er heute in Schweden. Er hat mehrere Romane und Lyrikbände veröffentlicht. 1995 erschien auf deutsch Barakats Kindheitsbiographie ‹Der eiserne Grashüpfer›.

Salim Barakat

Die Spiele der jungen Hähne

Roman einer Jugend

Aus dem Arabischen von Burgi Roos

Deutscher Taschenbuch Verlag

Ungekürzte Ausgabe
Oktober 2004
Deutscher Taschenbuch Verlag GmbH & Co. KG, München
www.dtv.de

Titel der arabischen Originalausgabe:
‹Hâtihî ‘âliyan, hât an-nafîr ‘alâ âkhirihî›
(Dar al-tanwir, Beirut)

Umschlagkonzept: Balk & Brumshagen
Umschlaggestaltung: Stephanie Weischer unter Verwendung
einer Fotografie von © Corbis/Kevin Fleming
Satz: Kösel, Krugzell
Druck und Bindung: Druckerei C. H. Beck, Nördlingen
Gedruckt auf säurefreiem, chlorfrei gebleichtem Papier
Printed in Germany · ISBN 3-423-13264-7

ANKÜNDIGUNG

Familie Rammos Hahn und Sêres Maulesel gilt das Vorwort dieser Ausführungen. Den Menschen möge das Keuchen als Anrede genügen. Jedem seine eigene Magie! Laßt euch von niemandem etwas erzählen, Jungen!

Sie werden euch sagen, wie sehr sie geliebt, sich abgerackert und ihres Schicksals Wind mit Heldentaten aufgehalten haben. Sie werden euch Prüfungen unterziehen, denen sie sich selbst nie gestellt haben. Langsam, langsam werden sie euch wie Katzen an die Brust heben und flüstern: «Schlaft gut, brave Kinder!»

Hört auf niemanden! Schlaft nicht! Werft die Decken ungestüm zurück! Steigt aus euren Betten und flieht durch die Tür! Draußen braucht ihr keine Angst zu haben: Nicht die Dunkelheit, sondern das Tageslicht ist erschreckend! Fürchtet euch nicht! Ich bin bereit, euch zum Versteck zu führen, dahin, wo es weder Häuser noch Schulen, nur Zeit gibt, Zeit für euch selbst. Der Raum gehört allen. Ihr knüpft daraus Schlingen für die Gespenster und lacht schallend, bis die Erde in Stücke zerfällt.

Ich nehme euch mit aufs freie Land, nehme euch mit zu dem unverständlichen, lautlosen Zischen, dorthin, wo für unser Schicksal eine üppige Weide bereitsteht und wo wir nicht gegen die Mauer des Regierungspalasts oder die gestutzten Bäume im Garten des Provinzgouverneurs stoßen. Abwechselnd werden wir uns voreinander verstecken und um die Igel herum kleine Brände legen. Wir ahmen die Schakale nach, schleichen zu den Feldern und knabbern wie sie das Gemüse an. Wenn wir müde sind, schlafen wir in Höhlen und Erdspalten.

Ich nehme euch mit zu den Teichen. Wir ziehen die Kleider aus und tauchen ins Wasser, um die obenauf schwimmenden Spinnen und die Laiche der Wasserschlange zu sammeln. Wir bewerfen uns mit Algenwurzeln und Kaulquappen. Wenn wir Hunger haben, essen wir Disteln, wilden Rhabarber und Pewong-Zwiebeln. Ich bringe euch an einen Ort, den nur wir sehen, den Ort des Magischen, der großen Maskierung, wo die Jahreszeiten eine Menschenlarve tragen, wo Wolken und Kaninchen aus den gleichen Löchern kommen.

Glaubt mir, Jungen, wenn wir Freunde der Dunkelheit werden, bedeutet das: Wir sehen durch kleine Spalten in den Särgen unserer Seelen noch nicht untergegangene Königreiche, an den Grenzen des freien Landes, schwelgend in der Seligkeit, vergessen zu sein. Auf ihren veilchenfarbenen Mauern spielt die Freude mit den Eichhörnchen.

Ich führe euch nicht in die Irre, nein! Schaut eure Bändiger an! Sie lösen sich gegenseitig ab, eure Freiräume zu beschneiden. Vor euch spielen sie sich als Neunmalkluge auf. Wenn ihr aber nicht hingeht, stolpert jeder über seine Schlinge: Träger, Bauern, Lastwagen, Regierung, Vergnügungsparks, Glückspieler, Ehefrauen, Hähne, streunende Katzen, Wolken und Gott – jeder verfängt sich in der eigenen Schlinge. Schlaft nicht!

Laßt eure Familien nicht aus den Augen! Und wenn sie eingeschlafen sind, folgt mir!

Zwischen den Gräsern hecken wir große Reformen aus. Wir überlegen uns, wie wir den vorbeifahrenden Wagen auf diesem oder jenem Pfad ausweichen können.

Wir planen Umstürze, die ein träges Maultier in einen Tiger verwandeln: Steckt ihm etwas Ammoniak in den Hintern, und ihr werdet euch wundern . . .!

Wir denken darüber nach, wie wir die Brände löschen können, die wir entfacht haben.

Wir schütten Tinte über die verhaßten Kleider, dann müssen uns unsere Väter neue kaufen. Damit die Schuhe aus den Nähten platzen, spielen wir mit Steinen Fußball. Wir entreißen den Bettlern vor den Moscheetoren ihre Becher, um zu etwas Taschengeld zu kommen.

Ich führe euch nicht in die Irre. Der Ort verführt euch, damit ihr seiner würdig werdet.

Zettelt eure Kriege an, bevor die andern es tun, und folgt mir!

ERSTER TROMPETENSTOSS

Der Tumult erreichte den Siedepunkt! Die Holzlatten des gewaltigen Zauns brachen eine nach der andern ein; und durch die Zwischenräume stürmten und drängten die aufgebrachten Leute in den Vergnügungspark. Die einen waren mit Stöcken und Steinen bewehrt, andere zogen ihre Ledergürtel aus.

Einen Tag vor diesem Tumult hatte die Geschichte ihre ganz spezielle Wetterfahne getragen, und zwar für Winde, die nur aus einer einzigen Richtung wehen, genau wie die auf dem Dach der Stadtverwaltung, deren Beamte die Kupferwaagen für Wassermelonen und die Fahrräder konfiszierten. Wir hatten nie verstanden, wozu das Gebäude so ein Ding brauchte.

Am letzten Tag vor dem Tumult trug die Geschichte ihre ganz speziellen Schuhe und ihre Kennzeichen, so streng wie Militärabzeichen. Unter ihren Papieren fanden sich offizielle, energische Akten und zahlreiche Reden über den Aufbruch der arabischen Welt zum Gipfel, von dem sie abgerutscht war. Weggerutscht, wie wir auf den schlammigen Wegen ausglitten, bevor wir in unsere Häuser schlüpften, die wie Statuen aus Ton für einen tönernen Gott gebaut waren!

Doch die Geschichte zog sich an jenem Tag nicht nur nackt aus, sie verlor auch das Gleichgewicht. Wie die rasende Menge fegte sie daher und drang durch den Zaun des Vergnügungsparks, wo die ägyptischen Arbeiter die Türen ihrer hölzernen Wohnwagen abgeriegelt hatten. Sie waren verstört, schrien in ihrem reizenden

Dialekt und scharten sich wie Kriegsgefangene zusammen.

Wie wir jenen Vergnügungspark liebten! Wieviel Geld stahlen wir, um uns ohne die Angst, erwischt zu werden, Eintritt zu verschaffen! Manchmal aber zwängten wir uns durch den mächtigen Zaun, dessen Ritzen für Ratten nicht groß genug waren. Wir mageren, spindeldürren Jungen konnten damals durch Schlüssellöcher schlüpfen. Wir staunten, wie eine ältere Generation über die nächste staunt: Schiffe sahen wir, die weder Wasser noch Land berührten und sich um einen hohen Sockel drehten, daß es einem vor lauter Auf und Ab den Atem verschlug. Zauberer brachten dich dazu, in einen Trichter zu pinkeln, aber du pinkeltest eigentlich gar nicht. Sie zogen dir Bälle aus den Ohren, ohne daß du etwas davon spürtest. Sie verbrannten Geld und durchsuchten dich. So wurdest du zum Dieb, ohne zu wissen, wie und wann du gestohlen hattest. Clowns erzählten Witze mit obszönen Andeutungen, die eine Welle von Stöhnen und Pfeifen auslösten. Wir verstanden nicht, wieso die Anwesenden lachten. Die meisten von ihnen konnten ja kaum arabisch. Wie sollten sie einen Dialekt verstehen, der gleichsam vom Ende der Welt kam, von den abgelegensten Gegenden in unseren Geographiebüchern, die, wenn sie die Fruchtbarkeit unseres Bodens, die Länge unserer Flüsse, unser Öl, die Fische in unseren Seen behandelten, nie sagten, warum wir nichts davon besaßen. (In unserer Vorstellung verglichen wir das Meer mit dem See von Kâssimo, der nicht einmal fünfhundert Quadratmeter maß). Es gab auch Orte, die uns verweigert wurden. «Ihr seid noch zu jung ... Weg da, Jungen!» Doch wir zwängten die Nase durch die Lücken zwischen den Holzbrettern, um durch den Rauch und durch die Reihen der verstörten Zuschauer auf niedrigen Strohstühlen Frauen zu erspähen, die sich anzüglich hin- und herwiegten. Von Zeit zu Zeit hoben sie ihre Röcke. Rote Unterwäsche kam zum Vorschein, und wir brüllten: «Ach, diese Artistinnen!» (Für uns war «Artistin» ein Synonym für «Hure».)

Trotzdem liebten wir den Vergnügungspark, der mit seinem Lärm in dieser abgelegenen Gegend heimisch geworden war. Das war in dem Sommer, auf den nur noch der letzte Tumult folgte. Die Ägypter hatten den Vergnügungspark gebracht. Sie pflegten sich den Schweiß mit Papiertaschentüchern von der Stirn zu wischen. Sie konnten sich das leisten, weil so viele Neugierige mit ihrem Silbergeld zu ihnen strömten. Doch nicht lange, und sie wischten sich den Schweiß wieder mit den Ärmeln weg. Das war, als die zornigen Leute mit ihrer abzeichenlosen und unausgeglichenen Geschichte durch die hohe Umzäunung drangen und alles zerstörten.

An jenem Tag gab es die erste Verlautbarung. Sie richtete sich voller Enthusiasmus gegen vergangene Fehler, Gesetzesübertretungen, die von oben dekretierte Vereinigung, Geheimdienste, Repression, die Tatsache, daß das Volk nichts zu sagen hatte, ihr Gegenteil bewirkende Reformen und so weiter. Nach einigen Stunden wich die Bestürzung auf den Gesichtern etwas anderem, und die zornigen Leute stürmten zum Vergnügungspark. Sie zerrten die Tänzerinnen aus ihren Wohnwagen und preßten sich von hinten an sie, und ihre Erregung verriet nicht Zorn, sondern überwältigende Begierde. Die Zauberer, Clowns und Arbeiter hatten weniger Glück. Ihre Kleider, Pappmützen und Schuhe, die kleinen weißen Bälle, Zaubertücher, Kaninchen und ein paar Tauben wurden auf dem ganzen Gelände verstreut.

Dies alles ereignete sich, bevor die Polizei eintraf und in diesem Durcheinander alle gleich behandelte: Hier ein

Schlag und dort ein Hieb, mitten im Gelächter des Staubes.

In den Tagen, die auf die große Aufregung folgten, begann die Erde andere Merkmale zu tragen: Bewaffnet mit Stöcken, Faustkeilen mit Kupferzacken, Messern und unter den Hemden versteckten Eisenketten gingen die Parteien auf die Straße. Sie brachten auch ihre Spruchbänder mit. Zum erstenmal in diesem zarten Alter erlebten wir, daß die Regierung nicht eine Partei der anderen vorzog, keine Parole der andern. Zum erstenmal sahen wir Zeitschriften, die Karikaturen von Regierungsmitgliedern zeigten. «Oh, wie schrecklich!» schrien wir. «Sie werden die Zeitschrift und alle, die etwas mit ihr zu tun haben, hinrichten!» Doch niemand tat dem andern ein Leid. Nur die Anhänger der verschiedenen Parteien zerrissen sich gegenseitig die Hemden. Sie zerschmetterten die Fahrräder und die Köpfe derer, die ihnen unter die Füße gerieten. Die Polizisten wurden zu Schlichtern. Sie sammelten die Kriegführenden in ihren Autos, um sie zu ihrem einzigen Posten zu bringen. Dort behielten sie sie ein paar Tage und entließen sie wieder. «Welch eine Regierung!» riefen wir. «Welch eine Partei!» riefen die Parteimitglieder.

Jungen waren wir damals. Die Lehrer nahmen uns zu ihren jeweiligen patriotischen Kundgebungen mit. Es gab keinen Lehrer mehr, für dessen Partei wir nicht eine Parole brüllten. Sie waren sehr unterschiedlicher Meinung. Der eine führte eine Gruppe Schüler durch die eine Straße, eine zweite Gruppe marschierte in einer zweiten, dritten, vierten Straße, während wir die Spruchbänder von allen Gruppen wie Briefmarken sammelten. Wir glitten von einer Straße in die andere und brüllten nach, was die Leute brüllten. Wir waren äußerst verwundert. Denn keiner der Lehrer hatte die Macht, uns zu zwingen, mit ihm zu marschieren und seine Parolen zu rufen. Und keiner konnte uns tadeln, wenn er uns bei der Kundgebung eines andern Lehrers sah. Tja, die Leute nahmen an diesen Kundgebungen teil, um zu beweisen, daß sie jederzeit Feste feiern konnten. Jetzt konnten sie endlich wieder Lärm machen, nachdem sie lange vergessen hatten, wie es geht. Das Ziel war nicht, daß einer siegte, sondern daß bei gleichbleibender Bedrohung keiner den anderen überflügelte. Warum sollten sie nicht den Lärm nutzen, um ihr Geschrei loszuwerden? Warum sollten sie nicht ihre Kehlen testen, die offizieller Besitz der Regierung gewesen waren? Wenn diese forderte: «Brüllt!», brüllten sie. Befahl sie aber: «Schweigt!», schwiegen sie. Sie behauptete: «Ihr habt keine Kehlen!», und sie schrieben mit Kreide auf die schwarze Wandtafel: «Ein Hoch auf die Kehlenlosen! Weg mit dem Recht auf eine Kehle! Weg mit den Individualisten, die Kehlen haben! Weg mit der Kehle! Weg mit Speiseröhre, Luftröhre, Herz, Bauchspeicheldrüse, Leber, Blase, Nieren, Nebenniere, Harnblase, Harnröhre, beiden Hoden! Weg damit, weg, weg!» Und wir brüllten: «Weg damit, weg, weg!» Auch das Anatomiebuch fiel auseinander, aus dem wir gelernt hatten, der Mensch habe eine Kehle.

Nach diesen Tagen des Krachs erinnerten wir uns an den Klang unserer Stimmen und daran, daß wir – wie die anderen Geschöpfe der Natur – jaulen, heulen, flüstern und lachen konnten. Das Wichtigste war allerdings, daß wir uns an unsere Fähigkeit erinnerten, in einer Ordnung, auf die kein Durcheinander folgte, einen Krach zu veranstalten. Aus Veranlagung waren wir laut, wir waren es gewöhnt, die Esel und Maulesel anzutreiben, die unsere mit Wassermelonen beladenen Wagen zum Markt der Stadt zogen, oder die Schafherden und unsere kleinen Brüder aufzuscheuchen, mit oder ohne Grund. Wir beschimpften unsere Mütter, schlugen heftig die Türen hinter uns zu. Ebenso verhielten sich unsere Väter, wenn sie in der sommerlichen Mittagshitze des Nordens heimkamen. Ihre Köpfe umgaben leuchtende Aureolen von bitterer Müdigkeit und Schweiß.

Wir waren jetzt Lärmraffer, genau wie der Sportlehrer, der Parteimitglied war, vor Beginn des Tumults. In der Rangordnung der Lehrer stand er bloß an zehnter Stelle, doch dank seiner Parteizugehörigkeit war er der Gott unter den Göttern, schalt sogar den Schulrektor, schlug, wenn nötig, auf die Lehrer ein, war voller Hochmut wegen der Macht der Rapporte, die er für sein Parteibüro über verdächtige Personen verfaßte. Seine Partei war die einzige in einem nackten Land, auf das nichts mehr folgte. Er beschimpfte die Mütter, Väter, Vorfahren, das Land und den Himmel der Schüler. Er verfluchte, was ihm gerade paßte, und dies in einer Schule, in der wir ermahnt wurden: «Flucht nicht!» Frühmorgens kontrollierte er uns, wenn wir schlaftrunken und zerzaust in Reih und Glied die Hymnen der Ehre und des vaterländischen Ruhms heruntersangen. Um unsere Augen war soviel Augenbutter, daß eine ganze Regierung samt Armee, Polizei und Staatsbeamten Reißaus davor genommen hätte. Wir waren so unangepaßt, daß sie alle miteinander hätten einpacken und sich ein anderes Volk hätten suchen müssen. Unsere Schuluniformen waren an den Schultern stets zerrissen. Sie waren mit Tinte bekleckst und im Winter mit Schlamm, im Frühjahr mit Gras und Erde verschmiert. Die Fingernägel waren abgekaut, die Schuhe mit klebrigem Wasser oder mit diesem einzigartigen Saft aus Schweiß und Staub angefüllt, vorn zerschlissen und absatzlos.

Das sind wir, Staat! So sind wir, in der Partei aktiver Sportlehrer! Doch der Lehrer verzieh uns das nicht. «Haben eure Väter denn kein Geld für Schuhe, ihr

Hurensöhne? Haben eure Mütter keinen Faden zum Nähen?» So sprach er bei seiner morgendlichen Inspektion in Begleitung des Rektors, der sich aus Scham über die verlorene Macht krümmte. Es war schon so weit, daß wir in ihm nicht mehr den Rektor, sondern nur Kleider auf einem sich verbeugenden Kleiderbügel sahen, der atmete und sich unter dem geheimnisvollen Einfluß eines Luftstoßes bewegte.

Plötzlich rief der Sportlehrer: «Legt euch auf den Bauch!» Und wir legten uns auf den Bauch. «Kriecht über die Treppe zu den Klassenzimmern!» Und wir krochen bis zur Treppe. Kriechend erklommen wir die Stufen und robbten weiter bis in die Schulräume. Dort schlüpften wir in die lange schwarze Wandtafel, hinein ins Schwarz auf unseren Bäuchen vom Anfang der Erde bis zu ihrem Ende, dieser topfebenen Erde, von deren Nordende der geringste Regierungsspitzel das am weitesten entfernte Huhn am Südende sehen konnte. Weiß vom Kreidestaub wie die Träger in der Mühle kamen wir wieder heraus und nahmen mit auf der Brust gekreuzten Händen auf unseren Holzbänken Platz. Als der Lehrer der ersten Stunde eintrat, sprangen wir auf: «Guten Morgen, Herr Lehrer!» Er musterte uns gelangweilt und bedeutete uns mit einer Handbewegung, wir sollten uns setzen. Dann begann die Farce.

Dies alles war vor der Ankunft des Lärms, der den Platz des Vergnügungsparks mit der zerschlissenen Unterwäsche der Tänzerinnen füllte, bevor sich der Vergnügungspark in eine Brust verwandelte, in die die Hungernden bissen. Jetzt kam der Sportlehrer nicht mehr in die Schule. Die Frauen vom Land hatten sein Haus umzingelt. Am Schlafanzug wurde er herausgezerrt. Es war allerdings klar, daß er nicht geschlafen hatte. Er zitterte, der Hundesohn. Sie schrien: «Sag's noch mal! Sag's! Sind wir Dirnen? Sind unsere Kinder Hurensöhne? Sag's noch mal! Sag's! Wo ist deine Mutter, du Schwuchtel? Wir halten unseren Männern die Schenkel deiner Mutter offen, bis sie aufgefüllt ist wie ein Faß. Hat deine Mutter eine weite Scheide? Wir stecken unsere Schuhe in sie, die Säulen der Schule.» Sie stürzten sich mit ihren Plastiksandalen und Holzpantoffeln auf ihn. Der Lehrer zitterte bis ins tiefste Innere seiner Mutter. Wir staunten, wie er sich noch aufbäumte. Er schrie und legte sich mit ausgestreckten Armen auf den Boden. Seine Stimme erstickte, wurde zu einem leisen Wimmern. Die Augen traten hervor, er lief blau an. Eine der Frauen hatte ihn an den Hoden gepackt und drückte sie so lange zusammen, bis aus seinem Mund weißer Schaum trat, der als klebriger Faden über seine Brust rann. Das Muttersöhnchen fiel in Ohnmacht und erwachte nicht wieder. Der von der Regierung Verhätschelte ging unter, wie auch die Regierung selbst und die Prostituierten des Vergnügungsparks, die im Namen der Kunst bis zwölf Uhr nachts Tänze darboten. Nach der Arbeit leisteten sie im Namen des patriotischen Entzückens noch andere Dienste. Denn sie wurden von Zivilautos abgeholt, und am Steuer saßen Männer, unter deren Hemden Revolver baumelten.

Es lebe der Lärm jetzt! Hoch lebe der Gott des Lärms samt seinen Kindern und Konkubinen! Hoch sollen sie leben, die Lehrer, die nach den Tagen des Lärms freudig in die Klassenzimmer traten, mit den Knaben scherzten und sie nicht schlugen! Soll der Lärm sich auf der ganzen Erde ausbreiten, wenn er nur so angenehm ist wie dieser Lärm! Soll er doch jeden Tag kommen, um einen niederträchtigen Lehrer oder einen Spitzel zu holen! Soll er jeden Tag kommen, um die Privilegien der Söhne der Regierungsparteimitglieder in der Schule abzuschaffen. Soll dieser echte Lärm uns vereinen!

Man sagte uns: Wenn dieser Lärm nicht gekommen wäre, wäre Mêro gekommen. Wir Knaben begannen, dem gütigen Schicksal zu danken, das sich erbarmte und zuließ, daß eine Regierung die andere zerstörte, wodurch sich die Ankunft Mêros verzögerte. Er würde nämlich keinen Stein auf dem andern lassen und die Leute in den Wahnsinn treiben. Er würde die Erde wieder so machen, wie sie gewesen war, öde, karg, und es würde eine Erde sein, auf der ein Mensch dem anderen die Haut abzieht, weil er sie für sich selbst braucht.

Von Zeit zu Zeit war Zerstörung etwas Notwendiges. Staubstürme mußten in die Esse der Erde blasen, bis die Häuser ganz weich wurden und sich wie Äste bogen. Wasserströme mußten aus den Häusern einen roten Teig machen und die beiden einzigen Brücken der Stadt als nackte Gerüste zurücklassen. Es war notwendig, daß immer wieder neue Regierungen kamen, deren Soldaten die Abzeichen der vorherigen abrissen und ihre Schuhe stahlen. Sie warfen die Papiere ihrer Vorgänger aus den Fenstern des Palasts. «Ade, ihr Opportunisten!» riefen sie. «Ade, ihr Opportunisten!» riefen ihre Nachfolger. «Ade, ihr Opportunisten!» riefen die Nachfolger der Nachfolger. Alle schmückten sich mit den Abzeichen und Medaillen, die sie von den Vorgängern erbeutet hatten, ebenso mit deren Schuhen und Mützen. Sie setzten sich hinter dasselbe Tischchen, auf dem wegen des elektrischen Ventilators an der Decke ununterbrochen das Papier raschelte.

Es lebe also die Zerstörung, weil sonst Mêro käme. Das sagten sie uns jedenfalls und fügten hinzu: «Wenn auf der Erde fünfzig Jahre Frieden herrscht, ohne Stürme, Überschwemmungen oder blutige Putschs, dann kommt Mêro. Mêro erträgt keine festgefügte, fünfzigjährige Ruhe. Als er lebte, sah er keinen Tag ohne Blut oder Katastrophe.» Wir fragten: «Ist Mêro gestorben?»

«Nein, er zog mit einer Herde teuflischer Böcke eines Abends bei Sonnenuntergang davon und drohte, die Erde zu erstürmen. Er ging hinein in die Dunkelheit, dorthin, wo es immer finster ist.»

Ach, Mêro! Wer bist du denn, bei Gott? Wer bist du, daß wir die Jahre zählen? Wer bist du, daß wir der Erde die Jahre der Ruhe übelnehmen? Ruhst du dich nicht aus, Mêro? Wir wollen uns erholen!

Dennoch zählten wir die ruhigen Jahreszeiten: ein ruhiger Sommer, ach! Ein ruhiger Herbst, ach! Ein ruhiger Winter, ach! Ein ruhiger Frühling, ach! Ein Jahr war vergangen. Welch ein Schrecken! Es blieben also nur noch neunundvierzig Jahre. So lebte Mêro unter uns. Doch unsere Jahreszeiten waren Zeiten der Zerstörung. Jahreszeiten, die immer Kriegspanzer trugen und auf dem Kopf den Helm der Überraschung. In den vier Jahren vor der Ankunft des Lärms, als der Zaun des Vergnügungsparks einbrach und die Oberschenkel der Tänzerinnen in einem eigenartigen Leuchten aufblitzten, war keine Jahreszeit vergangen, die nicht bitteres Brot oder saure Wolken brachte. Kaum war es Herbst, sprudelte aus den Ritzen der Erde ein Regen hervor, der die Pflugfurchen verwischte, den ausgesäten Weizen auf den Gerstenacker spülte und die ausgesäte Gerste in die Bewässerungskanäle, deren Wasser normalerweise auch dort, wo es ganz flach war, nicht über die Ufer trat. Jetzt aber tauchten überall Bewässerungskanäle auf, als ob sie unter einer hauchdünnen Staubdecke versteckt gewesen wären, die die Wolken weggerissen hatten. Jetzt kamen sie zum Vorschein. Kaum war es Winter, kam der Frost. Die Teiche, Bewässerungskanäle und Flüsse froren zu, ebenso die Wasserrohre. Die Erde wurde starr und hart wie Beton. Dann zersprangen die metallenen Kühlwasserbehälter der Autos. Die frischen grünen Pflanzen wurden so steif wie die Stiele zur Erntezeit, und wenn man sie berührte, zerbrachen sie. Wenn man einen kleinen Baum ein wenig bog, knickte er schon ab. Wer Wasser trinken wollte, mußte Eis zum Schmelzen bringen. Im Frühjahr aber war es, als ob der Himmel nur darauf gewartet hätte, daß die Weizen- und Gerstenhalme aus der Erde kamen, um sie vor der Zeit abzumähen mit seinen Schleudern voll weißer Hagelkörner, so groß wie Hühnereier. Ich frage euch: Wer ist schon durch ein Weizenfeld gegangen, in dem der Hagel gewütet hat? Wie mit Scheren abgeschnittenes Gras, Blätter im Delirium – als ob die Wolken Betrunkene mit zerschlissenen Kleidern aus ihrer Bar geworfen hätten!

Im Sommer schloß sich der Kreis. Das Land setzte einen Punkt an das Ende des Satzes: «Fertig!»

«Es lebe der Gnädige und Barmherzige!» seufzten die Leute. Auf zur nächsten Ernte! Sie machten Schulden, beglichen eine Schuld mit der andern. Dann verkauften sie das Land. Wer kein Land zu verkaufen hatte, verkaufte den Schmuck seiner Frau. Wer keinen Schmuck hatte, verkaufte seine Hühner und Schafe. Wer keine Hühner hatte, verkaufte die Vorräte. Wer keine Vorräte hatte, verkaufte die Betten. Wer keine Betten hatte, verkaufte als Träger seinen Rücken. Wer aber nicht geeignet war zum Schleppen, wandte sich zur Grenze, um Tabak und Rosinen zu schmuggeln, bis ihn der Schuß eines Grenzsoldaten niederstreckte.

Die Zerstörung war allgegenwärtig, Gott sei Dank! Mêro soll nicht kommen!

Doch, wer bist du, Mêro? Wer bist du, daß wir die Zerstörung preisen, damit du nicht kommst? Sie erzählten uns nicht, was die Erde mit dir gemacht hat und wie deine Tage waren vor und nach der Katastrophe. Sie berichteten uns nicht, wogegen sich deine Drohung richtete und wo du schon warst. Kennen sie Mêro tatsächlich? Alles, was wir wußten, war, daß du jeden Abend im März an die Grenze der Stadt kamst. Du rittest auf deinem Bock, der so gewaltig war wie ein Stier. Dann standest du auf dem Hügel, von dem man die Weizenebene im Süden übersieht, schweigend wie ein Gespenst. Deine Lumpen flatterten in der Luft, deren Keuchen das endlos wogende Gras überschwemmt. Langsam, langsam schloß sich um dich ein weiter Kreis von Böcken zusammen, die aus der Dämmerung kamen. Sie waren still wie dein Bock. Am Horizont traten sie Herde um Herde aus den Wolken. Ihre Hufe berührten die Luft, nicht die Erde. Sie verströmten einen Duft von Regen, der noch nicht gefallen war.

Seit wann kommst du zu jedem Sonnenuntergang des Monats März heraus, Mêro? Seit wann scharst du diese Böcke um dich, die mit dir die Finsternis erproben? Es ist, als ob es keine Finsternis gäbe, in der du nicht wärst. Welcher Zorn liegt in der Finsternis, die der Begierde der Böcke gleicht?

Bleib dort, Mêro, bleib! Wir sind beschäftigt, jetzt, nach diesem Lärm, der den Vergnügungspark mit einem angenehmen Rauch bedeckte.

Wir hatten jedenfalls nur wenig zu tun. Unsere Väter erwarteten von der neuen Regierung ein Wunder, das die schwere Not der vier Dürrejahre lindern würde. In dieser ganzen Zeit hatten sie im Vertrauen auf die Erde gesät, und die Erde hatte sie im Stich gelassen. Das Korn sproß kaum fingerhoch aus dem Boden. Man konnte es weder von Hand noch mit den Maschinen ernten. So überließ man es den Schafen. Und die Tiere fraßen, bis ihnen übel war.

So warteten die Männer also. In den Kaffeehäusern starrten sie sich erbittert an, sie feilschten und machten Phantasiegeschäfte, und am Ende kauften und verkauften sie nichts.

Während die Regierung noch damit beschäftigt war, Papiere zu sammeln und die Akten eines Lebens in Ordnung zu bringen, das noch nicht gekommen war, schwelte im Westviertel ein kleiner Krieg. Das Viertel war am dichtesten von dickschädeligen Kurden besiedelt. Die Angelegenheit läßt sich folgendermaßen zusammenfassen: Die Verwaltung der Toten Hand hatte eine Moschee errichtet. Einst war es eine schöne Moschee, aus reinem Beton, härter als all die Häuser aus Lehm ringsum. Auf die Moschee wurde ein Minarett aus drei Eisenpfeilern gestellt. Es endete in einem Deckel, der wie eine Kuppel aussah. Die Moschee bekam auch einen gepflasterten Innenhof, in dem die Gläubigen an den Sommerabenden ihre Gebete verrichteten, wenn der Gebetsraum wie ein Ofen glühte. Die Verwaltung hatte aber die Frage der Ernennung eines Imams und eines Gebetsrufers für die Moschee nicht geregelt. So entbrannte der Krieg zwischen denen, die sich für geeignet hielten, diese Ämter zu übernehmen. Am Ende kämpften nur noch zwei, Malla Achmad und Malla Raschîd.

Malla Achmad war Imam einer Moschee aus Lehm in jenem Viertel gewesen. Als die Tote Hand eine Moschee aus Beton baute, wollten einige Bewohner des Viertels, daß er Imam blieb. Sie waren eine Gruppe von Trägern und Gôle-Kurden.

Malla Raschîd war ein Religionsgelehrter von sehr begrenztem Wissen. Eine Zeitlang hatte er für die Kommunisten Sympathien gezeigt, dann hatte er sich wieder von ihnen getrennt. Als er den Braten roch, sammelte er seine langjährigen Anhänger um sich und rief sich selbst als Imam aus. Er stamme aus dieser Stadt, sagte er, lebe länger hier als Malla Achmad, der erst vor ein paar Jahren aus dem Dorf gekommen war.

Die Situation spitzte sich zu. Die Vermittlungsversuche

Wohlmeinender zeitigten keinen Erfolg. So wurden aus der Moschee zwei Moscheen: Zwei Gebetsrufer standen für zwei Imame an zwei Seiten des Hofes und riefen mit zwei Stimmen zum Gebet. Beide erhoben dabei die Faust gegen den andern. Nach den Gebetsrufern trippelten die Imame nacheinander herein. Jeder verbeugte sich in einer Ecke, hinter ihm seine Anhänger. Nach dem Gebet ging der Streit weiter. Beide Imame scharten ihre Anhänger im Kreis um sich. Malla Achmad bezweifelte die Befähigung Malla Raschîds, des gottlosen Kommunisten. Malla Raschîd bezweifelte die Befähigung des stotternden Malla Achmad, der weder die Buchstaben korrekt aussprechen konnte noch die Regeln der Koranrezitation beherrschte.

Wie auch immer: Zwischen den beiden Imamen gab es nicht mehr als Anschuldigungen und berechtigte Kritik. Ihre Anhänger sahen sich höchstens argwöhnisch an, oder sie sagten, es sei nicht zulässig, bei diesem oder dem anderen Imam zu beten. Das Äußerste, was sie unternahmen, war, daß sie einander die Schuhe stahlen oder kräftig gegen die Klotür schlugen, wenn sie wußten, daß ein Anhänger des anderen Imams drinnen war.

Ganz anders verhielt es sich mit den beiden Gebetsrufern. Kâssimo, Anhänger Malla Achmads, besaß außerhalb der Stadt einen Teich und verkaufte von dessen Ufer Lehm für den Häuserbau. Awdeke Kischo-Mischo war Anhänger Malla Raschîds. Er fiel aber von ihm ab, nachdem er sich davon hatte überzeugen lassen, daß das Gebet bei einem ehemaligen Kommunisten ungültig sei.

Kâssimo und Awdeke waren wirklich sehr laut. Ihre Stimmen klangen, wie wenn man auf Blech schlägt. Beide waren von hagerer Gestalt. Sie waren so mager, daß wir uns nicht vorstellen konnten, wie sie zu soviel Stimmgewalt kamen. Wir waren klein und hatten eine Heidenangst vor ihnen. Kâssimo war ein Sperber, immer auf der Lauer. Er war zugleich vor und hinter der Moschee. Einige Kilometer um sein Königreich herum verbot er uns das Murmelspiel. Seine Stimme war schrill und schmetternd.

«Zur Hölle mit dir, Kâssimo, du krähst wie ein Hahn!»

Und Kâssimo verfluchte unsere entschlafenen Ahnen.

«Deine Stimme tönt wie das Furzen eines Esels!»

Da verfluchte Kâssimo unsere Mütter. Über die Mauer warfen wir Kieselsteine in den Hof der Moschee, und er rannte in seiner weißen Gallabija hinter uns her, bis sich der Turban löste und ihm über die Eulenaugen fiel.

Awdeke Kischo-Mischo war wirklich ein Sohn der Hölle. Ein Greis in den Siebzigern, hager wie ein Schilfrohr, nahezu blind und völlig zahnlos. Auf seinem Kopf thronte ein gelber Turban, und in seiner Hand hielt er einen Eukalyptusast als Stock. Bei jedem Schritt fluchte er. Er fluchte über Kâssimo, den Imam Malla Achmad, die Stadt und die Kühe und Schafe der Leute. Er beklagte sich über die Wolken und die Luft, beschimpfte sogar die Müdigkeit. Im Zorn schlug er mit seinem Stock gegen die Wände und behauptete ständig, daß die Byzantiner bei ihm in der Schuld stünden. Byzantiner waren bei ihm Polizisten. Niemand wußte, warum er sie so nannte. Jeden Tag legte er sich mit der Bezirkspolizei an. Die Beamten drehten ihre Runden. Sie kamen zu den verängstigten Lebensmittelverkäufern, sie hatten vorbereitete Protokolle bei sich und auf den Lippen fertige Sätze: «Da liegt Staub drauf, Staub!» Was sollten die Lebensmittelhändler machen in einer Stadt voller Staub? Wege aus gestampfter Erde, Häuser aus Lehm. Was sollten sie machen? So zogen die Bezirkspolizisten mit reicher Beute ab, Wassermelonen, Fleisch, Tomaten und Zigarettenschachteln. Awdeke lag auf der Lauer und rief: «He, du! Du, Byzantiner, du bist mir noch was schuldig!» Doch die Polizisten machten sich nur lustig über ihn, sie kannten ihn ja.

«Was sind wir schuldig, Awdeke?»

Da wurde Awdeke zornig: «Schulden sind Schulden, du Byzantiner, Sohn eines Byzantiners! Erinnerst du dich nicht?» Er schwang seinen Stock, und sie beruhigten ihn: «Ja, wir erinnern uns. Ja! Nimm deinen Stock herunter! Auf der Verwaltung warten sie auf dich, um dir die Schuld zu bezahlen!» Da entspannten sich die Gesichtszüge Awdekes: «Ihr Hurensöhne! Immer vergessen sie es! Schulden sind Schulden.»

Wie oft warfen ihn die Beamten hinaus, nachdem sie sich ausgiebig auf seine Kosten amüsiert hatten? Wie oft scharten sich die Leute um ihn, wenn er in aller Öffentlichkeit mit seinem Stock in Richtung Verwaltungsgebäude fuchtelte: «Gauner! Hundesöhne! Bezahlt eure Schulden!»

Dann wandte er sich an die Leute und rief: «Wozu brauchen wir eigentlich einen Staat? Wir wollen keinen Staat! Wir wollen die Byzantiner nicht! Sie verprassen unseren Besitz. Gauner! Hurensöhne!» Sein zahnloser Mund spuckte mit unberechenbarer Schnelligkeit, aber er spuckte nicht das Gebäude an, sondern die ihn umringende Menschenmenge: «Ihr seid der Grund! Ihr bringt eure Hoden zur Verwaltung, damit sie darauf ihre Protokolle schreiben. Pfui, eure Hintern! Pfui, eure Flugzeuge!» Vielleicht flog nämlich gerade in diesem Moment am Himmel ein Flugzeug vorbei.

Eines Tages, ganz ohne Vorankündigung, während beide Imame im Kreis ihrer Anhänger das Gebet verrichteten, trug Awdeke einen Bottich voll Schlamm und Schutt herbei und setzte ihn da ab, wo Malla Achmad betete. Dieser übersah ihn geflissentlich mit viel religiöser Hingabe und stieß den Bottich mit der Hand zur Seite, während die Betenden, die hinter ihm standen, zu murmeln anfingen. Sie vermischten die Koranverse mit halben Sätzen über den Hintern von Awdekes Mutter, über seine Herkunft und seine Ahnen. Kâssimo hingegen unterbrach das Gebet, stürzte hervor, krähte und drosch mit seinem breiten Ledergürtel auf Awdeke ein. Viel Geheul begleitete die Schlacht, das Ergebnis waren ein paar Blutergüsse. Es war aber der Anfang eines langen Hin und Her: Kâssimo stellte sich mit einer Sichel in der Hand ans Tor der Moschee und hinderte Awdeke am Eintreten. Oder Awdeke stellte sich ans Tor der Moschee und wartete mit einer angefaulten Wassermelone auf Kâssimo. Unter den fliegenden Händlern gab es stets Leute, die sich vermittelnd einschalteten, und sie erreichten immerhin, daß sich der Kampf auf jede Menge Flüche und Drohungen beschränkte. Doch mit der Zeit mischten sich Awdekes und Kâssimos Söhne ein, dann ihre Ehefrauen und die Frauen ihrer Söhne, bis das Westviertel in zwei kleine Königreiche sich bekämpfender Frauen gespalten war. Dazwischen lag eine Zone neutraler Häuser. In diesem Niemandsland flogen über Köpfe und Gebäude hinweg Steine, Tomaten und abgetragene Holzschuhe. Die gegnerischen Parteien bekamen einander nicht mehr zu Gesicht.

Zu guter Letzt traf die Verwaltung der Toten Hand eine Entscheidung. Sie ernannte Malla Achmad zum Imam und Kâssimo zum Gebetsrufer. Natürlich widersetzten sich die geprellten Leute diesem Befehl nicht. Schließlich waren die Männer der Toten Hand kundige Religionsgelehrte. So jedenfalls trösteten sie sich und rechtfertigten ihren Abfall von Malla Raschîd. Dann suchten sie die Moschee zum Gebet auf – alle, außer Awdeke. Er erklärte sich zum Feind der Toten Hand, nach einiger Zeit auch zum Feind seines Scheichs, Malla Raschîd, und schließlich zum Feind des ganzen Westviertels. Über die grüne Grenze ging er in die Türkei und kehrte nach Monaten auf dem gleichen Weg zurück. Er empfand eine noch stärkere Abscheu vor den Leuten und faselte noch mehr wirres Zeug. Nur noch von Anatolien und den Soldaten des Safar Barlik sprach er. In den Straßen streute er Sesam aus der Tasche seines Kaftans und murmelte: «Ihr seid lieb, ihr seid nett. Folgt mir, ihr Tiere Gottes!» Er meinte mit dieser Anrede die Geister seiner Zeit, die verdeckt war unter einer dicken Schicht von Heldentum und im trägen Wasser menschlichen Vergessens einen rostigen Panzer trug.

So übernahm Kâssimo allein die Macht in diesem nackten Betongebäude und fing an, sich vor den Händlern mit seinen unsichtbaren Orden aufzuspielen. Es verließ die Moschee fast nicht mehr. Tag und Nacht wischte er den Hof mit einem sonderbaren Besen, der nur aus einem langen Stock mit einem Bund Johannisbrotbaumästen bestand. Seine Pracht übertraf die eines wirklichen Königs, als die Tote Hand die Moschee mit einem Lautsprecher ausstattete. Er wurde an einem der drei Eisenpfeiler angebracht, auf dem sogenannten Minarett. Ein Kabel führte bis zum Mikrofon im Innern der Moschee. Kâssimo hatte in einer Ecke des Hofes eine sehr enge Hütte gebaut. Sufi Machmûd, ein Wassermelonenverkäufer, übernahm die Aufgabe, das Holz mit verschiedenen Farben anzustreichen. Die Streifen kreuzten sich, standen rechtwinklig, parallel und schief zueinander. «Hundert und eine Farbe», pflegte Sufi Machmûd zu sagen. «Ich werde es mit hundert und einer Farbe anstreichen, wie es sich für Kâssimos Mikrofon gehört.» Dann schaffte Kâssimo das Mikrofon in die Hütte und hätschelte es wie eine Legehenne.

Er ging während und außerhalb der Gebetszeiten auch ohne Grund in die Hütte, obwohl er nur darin kauern konnte. Er hörte nicht mehr auf, sich zu räuspern: «He ... hem! He ... hem!» Die vielen fliegenden Gemüseverkäufer in der Nähe murmelten: «Deine Stimme ist so melodisch, Kâssimo! Möge Gott dir ein langes Leben schenken!»

Es ging das Gerücht, er trinke jeden Morgen zwei rohe Eier. Er gehe erst aus dem Haus, wenn er den Gebetsruf etliche Male vor seiner Frau wiederholt habe, bis sie ihm sagte: «Jetzt, ja, jetzt ist deine Stimme rein. Du kannst gehen!» Dann eilte Kâssimo zur Moschee, bevor etwas Unerwartetes dazwischenkam und den Brunnen seiner erleuchteten Kehle trübte.

Nach kurzer Zeit wurde Kâssimos Stimme zu einer Quelle des Ärgers. Nicht einmal die fliegenden Gemüsehändler verbargen mehr ihren Widerwillen, und wir Jungen hatten schon oft das Kabel des Lautsprechers über der Mauer zerschnitten, doch die Stimme wurde nur noch lauter: «He ... hem! He ... hem!» Dann klatschten wir in die Hände: «Der Hahn ist zurück!»

Alle Dinge waren Hahn. Die Welt war Hahn, die Regierung Hahn, nur nicht unsere Hähne im Haushof, die wie betrunken herumschwankten. Das machte uns traurig, denn wenn die Hähne betrunken waren, würde Mêro von irgendeiner Ecke aus die Ruhe der Erde stören und sie in Wildheit und Ödnis verwandeln. Er würde den Lebewesen das Stöhnen zurückbringen, ihr erstes stummes Stöhnen, wenn er auf dem Hügel stand und die Lebewesen, die ihm gleich waren, erblickte. Die Hand auf der Keule, ein Schwacher im Königreich der Tiere. Er stellt sich dem Stärkeren nicht im offenen Kampf, sondern legt Fallen und verläßt sich auf seine List.

Doch unsere Hähne, erklärten uns Leute, die etwas davon verstanden, waren nicht betrunken. Sie waren krank, weil sie den chemischen Dünger, den wir auf unserem kleinen Zwiebelfeld ausgestreut hatten, gefressen hatten. «Ach, die armen getäuschten Hähne!» schluchzte meine Mutter. «Gott nimmt die Tugendhaften zu sich!»

Unsere Hähne waren tatsächlich tugendhaft. Echte Hähne! Dreißig oder mehr waren es. Mager, mit langen, federlosen Hälsen und nackten Beinen. Die Kampfhähne unterschieden sich von den Hähnen zum Essen. Die waren wirklich männliche Hähne! Sie rupften den Hühnern den Rücken, bevor sie sich über sie beugten, um sie in Sekundenschnelle zu begatten. Anschließend richteten sie sich auf und kündeten mit einem gewichtigen Krähen den tierischen, männlichen Morgen, bis auch der letzte Stern verblaßt war. Hähne griffen sogar Katzen und Kühe an. Und sie hatten nichts dagegen, wenn ein Säugling den Darm leerte und ihnen ein Festessen bereitete.

Eines Morgens sammelten wir unsere Hähne ein, griffen sie einfach vom Boden auf. Sie waren schlaff, die Hälse baumelten links und rechts herunter und ebenso die Flügel. An den Beinen banden wir sie büschelweise zusammen. Je zwei Büschel verknüpften wir mit einer Hanfschnur und warfen sie über die Schulter. So hingen sie uns über Bäuche und Rücken und öffneten ihre schäumenden Schnäbel. Wir gingen mit ihnen zum Geflügelmarkt in der Stadt.

«Die armen getäuschten Hähne!» schluchzte meine Mutter und zählte das Geld, das wir ihr brachten. «War das ihr Preis? Ist das alles?» Sie sah uns an, ihre Söhne und Neffen.

«Ja!»

Nach einem Moment des Zögerns fügten wir hinzu: «Du mußt allerdings wissen, daß die Hälfte von ihnen unterwegs gestorben ist und die andere Hälfte schon halbtot war. Die Käufer wollten nur ganz wenig bezahlen, soviel wie für einen einzigen Hahn, Mama.»

Sie sah uns noch immer zweifelnd an. Scheinheilig und nervös kehrten wir die großen Taschen unserer Gallabijas nach außen.

«Schau! Nichts. Ehrenwort.»

Und bevor wir zu Ende geredet hatten, klirrten die Geldmünzen. Sie waren in unseren ausgeleierten Socken aneinandergestoßen. Da zogen wir unsere Socken mit der Ruhe der echten Missetäter aus. Wir wichen nur ein wenig zurück, damit uns nicht ein unerwarteter Schlag der Mutter traf. Wir warfen ihr die Geldstücke zu und murmelten: «Wir haben nicht darauf geachtet, Mama. Da sind sie hinuntergerutscht. Die Taschen unserer Gallabijas müssen Löcher haben. Sonst wären die Münzen nicht in unsere Socken gerutscht, Mama.» So löste sich die Sache friedlich ... Ach, die armen getäuschten Hähne!

An den folgenden Tagen, wenn am Morgen die Stimme Kâssimos vom Minarett der Moschee ertönte und einen neuen mühseligen Tag ankündigte, äfften ihn unsere Hähne nicht mehr nach. Es waren andere Hähne, von weither stammende, an deren Männlichkeit niemand dachte. Man dachte nur an ihre Fähigkeit, Fleisch anzusetzen, wie Margo an ihren Schenkeln und Hinterbacken Fleisch ansetzte.

Ach, Margo, hätten wir doch damals schon die Pracht dieses Fleisches zu schätzen gewußt! Dann wären wir demütig ein ganzes Jahrhundert auf dem Dach unseres Hauses geblieben!

Wir sahen dich, Margo, jeden Morgen im Sommer, wie du mit teuflischer Schwerfälligkeit aufstandest und die träge Decke von dir warfst. Ein durchsichtiges Gewand trugst du, das bis zum Bauch hinaufgerutscht war. Du achtetest nicht auf die Blicke von uns Knaben auf dem gegenüberliegenden Hausdach, das nur fünf Meter von deinem entfernt war. Dann beugtest du dich nach vorn und rolltest die Matratze wie eine Zigarette. Bei dieser gewandten Verbeugung teilte sich dein Leib von hinten in zwei Teile. Ein dünner Streifen verbarg das sternartige Versteck aller Geburten, aller Heldentaten und des Blutes, das vergossen wurde und das noch fließen wird, des Stöhnens der Mohnblitze, der aufeinander folgenden Regierungen, des Verrats, der an den Kleiderbügel jeder Epoche einen Schlauch seines Weines hängt.

Dieser dünne Streifen, der genau in der Fleischfurche klebte, erzeugte auf beiden Seiten eine leichte Rötung, vor der das Rot der gemalten Früchte in unseren Schulheften vor Neid erblaßte.

Doch all dies bemerkten wir damals nicht, wir erzählten bloß Witze über deine knappe Unterhose, Margo!

Im Norden kletterten die Leute nachts mit ihrem Bettzeug auf die Hausdächer. Sie schliefen ein, wenn sie eine möglichst große Anzahl Sterne gezählt hatten. Die Hühner, die ebenfalls die Leitern erklommen, schliefen neben ihnen. Unserem Dach gegenüber war Margos Schlafplatz.

Margo war Krankenschwester im staatlichen Krankenhaus der Stadt. Wir prahlten damit, daß sie unsere Nachbarin war, denn sie war eine Staatsangestellte. Die Staatsangestellten hatten gewisse Privilegien und waren nicht eben zahlreich. Die Leute schmeichelten ihnen, auch wenn sie von ihnen gar nicht beachtet wurden. Sie grüßten sie, aber nur selten wurden sie wiedergegrüßt. Margo war einäugig. Ein Band, weiß wie ihre Schürze, bedeckte ihr rechtes Auge, und dennoch wurde sie von vielen Staatsangestellten in ihrem Haus besucht. Sie genoß die Gunst von Offizieren, die Landrover fuhren. Das allein verschaffte ihr beträchtliche Macht. Ihre Macht im Krankenhaus aber kam der des Provinzgouverneurs gleich. Wer suchte das öffentliche Krankenhaus auf, wenn nicht die Dörfler und die Armen aus den Vororten?

Die Pfleger und Krankenschwestern sahen die Ankömmlinge argwöhnisch an und hielten ihnen zerbeulte Schalen entgegen: «Wasser lassen!» Wo sollten die Kranken hin, um in ihre Schalen zu pinkeln? Alle Patienten hatten solche Schalen, selbst diejenigen, die nur gekommen waren, um etwas Jod für einen verletzten Finger zu erbitten, und sogar Besucher. Alle hatten Schalen. Die Schale war der Schlüssel zum Eintritt ins Krankenhaus. Und man mußte Wasser lassen, bevor man den Pfleger am Eingang oder den Mann an der Auskunft davon überzeugen konnte, daß man nicht krank war, sondern sich zum Beispiel gegen Pocken impfen lassen wollte. Alle waren krank, bis das Gegenteil bewiesen war. Hier eine Penizillininjektion, da eine Penizillininjektion. Penizillin gegen alles: Krebs, Zucker, Typhus, Billharziose, Tuberkulose, Wundbrand, Zahnweh, Leistenbruch und entzündeten Blinddarm. Penizillinspritzen schwirrten wie Libellen in den Gängen des Krankenhauses herum. Ein langer Penizillintraum erwartete den, der mit seiner Schale das Krankenhaus betrat. Doch wo sollten die Kranken in ihre Schalen pinkeln? Es gab höchstens für fünf Leute Aborte, die Kranken aber kamen zu Hunderten. Deshalb mußte man nach einem Winkel suchen zwischen den Bäumen des Parkes, nah an der Mauer oder in einer Ecke des riesigen, gespenstischen Gebäudes. Doch man fand weder Winkel noch Ecke noch Baum, wo einem nicht schon eine andere Schale zuvorgekommen wäre. Schscht... schscht... schscht...! Alle ließen ihr Wasser in kleinen Stößen. Scham hielt den Urin zurück. Scham war ein allgemeines Merkmal dieses Ortes, der mit aus Hosenöffnungen hervorbaumelnden Geschlechtsteilen bestickt war. Die Dörfler in ihren Gallabijas kauerten sich auf den Boden und klemmten ihre Schalen zwischen die Schenkel. Oder sie zogen die Gallabijas bis zur Hüfte hoch und hielten den Saum mit den Zähnen fest, so daß man ihre unterhosenlosen Hintern sah.

Die Aborte waren für die Frauen, die Weite des Parkes, die Winkel und Mauern für die Männer und die Kinder. Das Innere des Krankenhauses gehörte Margo. Ihre Stimme rollte über die polierten Fliesen, über die weißen Decken, die Reagenzgläser und die mit Urin gefüllten Schalen. Ihre Stimme fuhr über das Stöhnen der Kranken hinweg wie der Wind, der zum Fenster hinauswehte, so daß sich die Bäume des Parks neigten und die Heuschrecken sich versteckten. Margo knöpfte immer nur einen Knopf ihrer Schürze zu, den mittleren. So sah man, wie sich der obere weiße Rand der Strümpfe in das üppige Fleisch des Schenkels eingeschnitten hatte. Es gab keinen dunklen Gang, keinen hölzernen Wandschirm, hinter dem die Patienten untersucht wurden, ohne ein Keuchen, einen Duft für Margo. Es genügte, daß ein Pfleger seinen Kollegen für zwei Minuten aus den Augen ließ, schon schnappte ihn sich Margo. Es genügte, daß sie sich eine Minute über die Waschmaschine beugte, schon zog einer von ihnen ihre Schürze bis über die Hüfte und begann sein ewiges Geheul. Es genügte, daß einer von ihnen sich hinsetzte, um ein Rezept auszustellen, schon öffnete Margo die Knöpfe seiner Pluderhose. Mit dem Instinkt eines Flamingos und ohne die Schürze hochzuziehen, verfehlte sie nie das steife Ziel, das Kreis um Kreis in Süßigkeiten und geheimnisvolle Früchte zerfetzt wurde. Schnell und ohne Pause bewegte sie sich auf und ab, drehte sich dann um und ging weg, ohne auf den prächtigen, klebrigen Tropfen zu achten, der den Strumpf entlang bis in den Schuh rann. So beherrschte Margo die Pfleger. Die wenigen älteren Ärzte aber, die durch die Gänge wandelten wie die Reste von Tierherden nach einer langen Hungersnot, begnügten sich damit, daß Margo sich ihnen gegenüber auf einen Stuhl setzte, das eine Bein an die Brust zog und so den Blick freigab auf die enge Stelle, die ihre beiden ruhelosen Schenkel miteinander verband, genau die Stelle, die ein Mann nur enttäuscht oder begierig darauf, seine Niederlage zu wiederholen, verläßt. Vielleicht streckten jene Greise auch ihre zittrigen Hände nach der kleinen Hölle aus, dem Spiegel ihrer verlorenen Jugend in der Mitte von Margos Leib. Dann stöhnten sie mit halb erstickter Stimme und schoben die andere Hand in den Hosenschlitz.

Mit den älteren Ärzten spielte sich alles auf Distanz ab, und Margos Reich vergrößerte sich, dehnte sich aus wie ein Traum aus Penizillin im Gedächtnis der Kranken. Es stand allein in Margos Macht, ob ein Patient von einem Trakt in den andern verlegt wurde. Es hing von ihr ab, wem die Krankenschwestern ihre Gunst schenkten. Sie bestimmte, ob die Laken täglich gewechselt wurden oder gar nicht. Sie allein entschied, ob neue Patienten aufgenommen wurden oder ob man jahrelang draußen warten mußte, mit der Urinschale in der Hand. Denn es kam niemand, der einem die Schale abnahm und sie in die Räume mit den Destilliergeräten und den Glasgefäßen brachte, wo die Fliegen um den abgestandenen Urin herumsurrten.

Alle Hoffnungen der Patienten hingen an ihrem Urin. Wenn sie deinen Urin annahmen, bedeutete das, daß sie *dich* annahmen. Im Krankenhaus wurden die Schalen verwechselt. Keiner der mürrischen Pfleger untersuchte den Urin. Dennoch verlief alles wie am Schnürchen, einem blinden Willen gemäß, der sich nicht im geringsten um Namen und Urinschalen scherte.

«Der Soundso soll vortreten!»

So wählte der Zufall seine Schäfchen aus, und es kam vor, daß jemand ins Krankenhaus kam, der gar nicht ins

Krankenhaus wollte und nicht einmal eine Urinschale hatte.

Ununterbrochen aufeinanderfolgende Zufälle in einem Norden, dessen Existenz reiner Zufall war. Denn auf der Erde hatte es früher nur drei Himmelsrichtungen gegeben, wo sich die Dinge und die Lebenszeiten in einer wahnsinnigen und unerschütterlichen Geometrie ablösten. Alles war in einem unsichtbaren Register geordnet, wie Logarithmen dividiert bis in die kleinste Quadrat- oder Kubikwurzel. Die Luft war Rechnungsführer und Buchhalter der Erde. Sie teilte die Wolken kubikmeterweise auf und entschied, ob der Nebel sich lösen oder verdichten sollte. Von den Flüssen grub sie Seitenkanäle ab, die so viel Wasser führten, wie das Land es gerade brauchte. Sie legte sich auf die Blätter der Bäume, damit sie ihren Schatten auf die Saat zeichneten, die Schatten benötigt, oder sie brachte Pflanzen ans Licht, die keinen Schatten wollten. Die Luft, der Buchhalter, trug in sich die ganze Leidenschaft einer Maschine für Logik und Ordnung. Sie kam und ging gemäß den bekannten Winkelgesetzen der Winde: spitze Winkel, rechte Winkel, stumpfe Winkel. Sie hatte einen Zirkel, der ein vertrautes Knirschen auf dem durchsichtigen Papier des Mysteriums zurückließ. Doch die Götter waren dieser ganzen Geometrie überdrüssig. Es war ihnen langweilig, die Macht und ihre Gesetze zu kennen. Sie hatten genug von dem Wissen, durch das sie ewig über die Dinge verfügten. So beschlossen sie eines Mittags, während sie träge eine Figur ihres Schachspiels verschoben, eine vierte Himmelsrichtung zu erschaffen, die sich der Geometrie, der Buchhaltung, der Algebra, der Wahrscheinlichkeitsrechnung und allen andern Maßstäben ihres Wissens widersetzen würde: den Norden! Der Norden, bestickt mit Zufällen, die wie Glasperlen glitzerten.

Da fügte Margo den Zufällen des Nordens einen weiteren hinzu, den Zufall nämlich, daß Margo Margo war. Was wäre, wenn sie nicht sie gewesen wäre? Dann hätte es keinen Grund für die Existenz des Krankenhauses gegeben. Denn die Leute suchten es nicht auf, weil sie krank waren, sondern weil sie es liebten, vor seinen Pforten zu warten, weil sie es liebten, vor aller Augen ihre Fähigkeit, Wasser zu lassen, unter Beweis zu stellen, und weil sie es liebten, den Zufall und seine wohltuende Macht auf die Probe zu stellen.

Dies alles ereignete sich vor der Ankunft des Lärms, der den Vergnügungspark aus den Angeln hob. Die Tänzerinnen wurden damals zum Allgemeingut für jene, die die Augen an ihren Schenkeln weiden wollten. Weder Haar noch Flaum war zwischen den Beinen, nur ein runder, faustgroßer Hügel aus reinem Fleisch. Dieser Hügel löste ein Keuchen aus, das stark genug war, ein großes Dorf samt seinen Häusern, Leuten, Schafen, Hunden und Hühnern wegzublasen.

Für Margo änderte sich nach dem Tag des Lärms alles. Es war, als sei ihre Macht ein Teil der von oben verordneten langjährigen raubgierigen Ruhe gewesen. Einige behaupteten später, sie hätten das Kommen Mêros mit seinen Böcken vorausgesehen, als sie ihre Ohren an die Hausmauern preßten: «Psst ... psst. Es sind die Hufe der Böcke auf dem Kieselsteinboden des Belêrtals. Psst ... psst!» Manche gingen sogar so weit zu behaupten, sie hätten in der Ferne, an der Grenze, dort, wo der Hügel von Kolo wie eine erdige Brust aufragte, Stürme aus Staub und getrocknetem, zerriebenem Blut gesehen. Sie seien bis zu der am weitesten entfernten Furche im gespaltenen Himmel gezogen. Dann seien sie in Richtung der Ebene von Sêrik herabgesunken und hätten die Ährenspitzen dunkel gefärbt.

«Das ist Mêro. Seine Böcke rülpsen aus den Tiefen ihrer Eingeweide.»

Doch der Putsch der neuen Machthaber zerstreute solche Behauptungen. Er brachte den Leuten eine schreiende Zeit auf einem Papierteller: «Wohl bekomm's! Eßt die Auszeichnungen, die Akten, die Mützen und die Soldatenschuhe! Verzehrt die Abfälle der Opportunisten und löscht ihre Spuren aus!» Und das taten wir, wir aßen die Mauern des Palasts, das Haus des Provinzgouverneurs mit dem blumengeschmückten Garten. Dann verschlangen wir das Krankenhaus.

Ach, wie brüchig war die Ruhe, die die alte Regierung mit Fäden aus Polizeiblicken und dem Knarren von Zellentüren gewoben hatte!

Arme Margo!

Maisses Söhne überfielen das Krankenhaus nach der ersten Erklärung der tausendsten Regierung. Sie stießen die Destilliergeräte, Flakons, Reagenzgläser und Urinschalen um, die ihnen in den Weg kamen. Sie warfen die Betten über den Haufen, schleiften die Patienten über die Fliesen und suchten mit ihren blutunterlaufenen Augen nach Margo. Sie schäumten wie Ackervieh.

«Sie werden sie tatsächlich auffressen», murmelten einige. «Sie werden sie auffressen wie die Ärzte ihre Mutter Maisse.»

Zwei Monate hatten die Söhne vor der Pforte des Krankenhauses mit ihrer Mutter auf einer zerschlissenen Matratze gewartet. Einer trug ihre Urinschale in der Hand. Zwei Monate verscheuchten sie die Fliegen von ihren ermatteten Augen. Zwei ganze Monate wiederholten sie der Mutter diese beiden Sätze: «Du wirst wieder gesund. Da ist ja das Krankenhaus.» Dann legten sie sich die Hände auf den zusammengepreßten Mund, als ob sie die Grillen des Schmerzes ersticken wollten, die ihnen in den Kehlen zappelten. Und als jemand aus einem dunklen Gang «Maisse Perichân» rief, schwärmten sie wie Spatzen hinein, stießen gegen Hände, die Urinschalen trugen, und schrien: «Sie rufen unsere Mutter. Macht Platz! Weg da!» Überglücklich waren sie, versammelten sich um das Bett ihrer Mutter und zeigten prahlerisch die Orangen, die sie mitgebracht hatten. Die anderen Patienten sahen sie voller Neid an. Doch das dauerte nicht lange, denn Margo schoß wie ein Blitz aus Fleisch und Weiß in den mit Betten vollgestopften Saal, zeigte auf Maisses Bett und rief zwei Pfleger, die eine Bahre schoben: «Da ist die Tote. Nehmt sie mit!» Wie Maschinen kamen die beiden Pfleger und zogen das gespenstische Skelett unter den Decken hervor.

Es herrschte ein furchtbarer Kummer im Saal, ein Kummer, der aufstieg wie ein Schwarm blinder Kometen, und Bestürzung, die sich erst auflöste, als die zwei Pfleger die Leiche auf den Gang hinausgefahren hatten. Maisses Söhne stürzten ihr nach: «Mutter!»

Ein alter Arzt brüllte: «Diese Esel, warum rennen sie?» Sie drehten sich zu ihm um und packten ihn am Kittel.

«Bringen Sie sie zurück, Herr Doktor!»

Der Arzt antwortete unwillig: «Nehmt eure Hände weg! Sie ist tot, sie bringen sie in den Obduktionssaal.»

«Tot???» wiederholten sie mit unterdrücktem Stöhnen. «Nein, sie lebt, Herr Doktor! Kommen Sie, hören Sie, wie sie atmet! Hören Sie sich die Geschichte von ihrem Widder mit den drei Hörnern an!»

Und als ob ihnen in diesem Moment der Bestürzung eine wichtige Angelegenheit wieder in den Sinn gekommen wäre, zeigten sie auf Margo: «Fragen Sie *sie,* Herr Doktor! Fragen Sie Madame Margo! Sie wird Ihnen sagen, daß unsere Mutter lebt.»

Margo machte mit dem Kopf eine entschiedene Bewegung: «Kümmern Sie sich nicht um sie!»

Sie wollten den Arzt mit neuen Argumenten überzeugen, doch ihre Stimmen versagten. So ließen sie den Arzt stehen und folgten den beiden Pflegern und der Bahre. Als sie beim verlassenen Menschenschlachthof ankamen, zog ein Arzt die Holztür hinter sich zu. Die Söhne schrien: «Mutter!» und versuchten, die Tür aufzubrechen. Da kamen zwei Ärzte mit kleinen Schlachtermessern. «Versteht ihr denn nicht? Eure Mutter ist gestorben ... tot!» Doch eine leise Stimme im Innern des Raumes wiederholte ihre Namen, einen nach dem andern. Dann erlosch sie, und ein dritter Arzt kam mit einem menschlichen Herz heraus: «Seht her, ihr Esel! Haben wir nicht gesagt, sie sei tot?» Wie Sträucher im Wäldchen von Hilalija knickten Maisses Söhne in den Knien ein.

«Wo wird sich Margo verstecken?» murmelten sie. Das Krankenhaus, riesig wie das Skelett eines Fabelwesens, konnte Margo keine Zuflucht gewähren. Deshalb kauerte sie im Abort für Frauen. Sie zerrten sie von Zimmer zu Zimmer, von einem Saal in den andern und von einem Gang in den nächsten. Dann gingen sie in den Garten hinaus, in Richtung des verlassenen Obduktionssaales.

Sie krallte sich in die Gräser, riß sie büschelweise aus, und griff in die Steine, die aufspritzten wie Eidechsen. Nicht ein Laut kam über ihre Lippen. Das gesunde Auge war geschlossen, während ihr blindes Auge weit aufgerissen in einen Sonnenuntergang starrte, der all seine leuchtenden Gestirne verschlungen hatte. Kochend vor Zorn legten sie sie auf den Holztisch, von dessen Kanten eingetrocknete Fleischfetzen baumelten und geronnenes

Blut tropfte. Sie bogen ihr die beiden von Menstruationsblut verschmierten Schenkel auf die Brust und einer von ihnen stieß seinen Arm in die prächtige, fruchtbare Wahnsinnshölle. Er stieß hinein, wie er in den After der Kühe stieß, um den Kot herauszuholen, wenn die Tiere an Verstopfung litten. Die Dörfler konnten diese Dinge. Es gehörte zu ihrer Medizin. Doch statt den Kot herauszuholen, riß er jetzt Margos innere Organe heraus: Gebärmutter, Blase und Darm. Margo krampfte sich zusammen und erschlaffte dann unter den harten Händen. Langsam kippte ihr Kopf nach hinten, ihr weißes Auge blieb offen und starrte auf das erste und letzte Bild, das dieses Auge vor siebenundzwanzig Jahren gesehen hatte.

Maisses Söhne hängten ihre blutige Weihgabe an einem Kleiderbügel auf und gingen einer nach dem andern hinaus.

Margo kümmerte uns Jungen nicht mehr. Doch noch eine ganze Weile spotteten wir über ihre knappen Unterhosen. Es war kein richtiger Spott, sondern der Beginn neuer Empfindungen, die in diesem Lebensalter wie junge Wälder sprossen. Es vergingen kaum drei Jahre, bis wir keuchten wie Böcke, wenn wir an Margo dachten oder Unterwäsche sahen, wie sie sie getragen hatte.

Die beiden Söhne von Mrâdo, Baschîro und Husseino waren in der Pubertät und hatten die Quelle der Niederlagen und des Vergnügens vor uns entdeckt. Sie hatten den Zauber der knappen Unterhosen und dessen, was sie verbargen, schon entdeckt. Sie sandten uns in geheimer Mission zum Laden des buckligen Baghde. Dieser händigte uns für das Geld, das sie schickten, verschlossene Umschläge aus, mit denen wir auf dem schnellsten Weg zurückkehrten.

Wir fragten sie noch nicht nach dem Inhalt dieser Umschläge. Es genügte uns, daß sie uns ihre Großzügigkeit in Form von Tabak zeigten, aus dem wir unsere ersten Zigaretten drehten, im Keller ihrer Backstube.

Mrâdos Backstube war sonderbar. Sie befand sich in einem Keller, über dem sich sein Laden und sein Wohnhaus aus Beton befanden, in jener Zeit von äußerster architektonischer Einfachheit. Ein Haus mit Hühnerhof im Innern. Die Hühner legten ihre Eier in die Teller und in die Decken auf dem Bett, sie bekamen von dem, was die Familie aß. Der Keller war in zwei Gewölbe unterteilt, das eine für die Backstube und den badewannengroßen Teigtrog, das andere für das Kalkmehl, das Mrâdo verkaufte. Ein Durchgang verband die beiden Gewölbe. Die Hühner kamen vom Haus und stiegen die breiten Stufen zum Kalkgewölbe hinab. Dann gingen sie zur Backstube hinüber und hüpften auf den Rand des Teigtrogs. Sie fraßen, bis sie satt waren, spazierten weiter, hüpften eine niedrige Treppe hinauf und schlüpften durch die Pforte, die auch die Kunden benutzten, wenn sie Brot kauften. Von der Straße spazierten sie im Bogen zurück zum Hinterhof, von wo der Rundgang durch den Keller von neuem begann.

Im Keller vermischte sich das Kalkpulver mit dem Getreidemehl, die alten Brotfladen mit den frischen und die kleinen Eidechsen mit den Mäusen, die sich manchmal in den Ofen verirrten, ins Feuerloch fielen und wie Frauenfürze explodierten.

Die Bezirkspolizei hatte all ihre Strafzettel an der Tür von Mrâdos Backstube aufgebraucht. Sie forderte neue Strafzettel aus der Hauptstadt an, die bald wieder verbraucht waren. Als kein Papier mehr da war, notierten die Polizisten die Strafbescheide auf Betonstückchen, auf das Holz der Tomatenkisten oder auf die Schlüsselbeine der

Kühe. Zu guter Letzt gaben sie auf, und so regierte die Bäckerei von Mrâdo weiterhin unangefochten im Westviertel, wo es ohnehin keine anderen Bäckereien gab.

In jenem Alter, in dem unsere Sinne sich entfalteten wie die Blüten des Bâmiastrauchs, war Mrâdos Backstube unser Paradies. Wir saßen auf einem Strohkissen im Kalkgewölbe und bliesen um die Wette den Rauch aus der Nase oder vollbrachten akrobatische Kunststücke auf dem Rand des Teigtroges. Oft fiel ich hinein und tauchte, weiß von Kopf bis Fuß wie ein Schneemann, wieder auf. Doch was uns im Keller am meisten anzog, waren die Zeitschriften für Kinder und die Bücher mit Abenteuergeschichten. Die beiden Söhne von Mrâdo waren ganz versessen darauf, sie zu sammeln. Sie konnten schließlich von den Einnahmen der Bäckerei so viel stehlen, daß sie Dinge kaufen konnten, für die wir anderen nicht genug Geld hatten. Sie waren die Herren der Backstube, führten sie persönlich. Der muskulöse Baschîro stand vor dem Feuerloch. In seiner Hand hielt er ein Holzbrett, das in einem langen Griff endete. Unterdessen drückte Husseino die Teigstücke flach und bepinselte sie mit geronnener Milch, um aus den dünnen Scheiben rote Fladenbrote zu machen. Beim Verkauf lösten sie sich ab, und bei jedem Wechsel ließen sie ein paar Geldscheine in ihren Schuhen verschwinden.

Eines Tages eröffnete uns Husseino das Geheimnis der verschlossenen Umschläge, die wir für ihn beim buckligen Baghde kauften. Husseino hatte eine solide Kiste aus Holz mit einem Zahlenschloß, dessen Kombination außer ihm niemand kannte. Eine Kiste voller Dinge, von denen wir Jungen träumten: Bildgeschichten und Zeitschriften, ein Fotoapparat, Scherben einer Lupe, eine merkwürdige Badehose, eine Schirmmütze, Fotos von Schauspielern und Schauspielerinnen, Würfel, Spielkarten aus Plastik, meterweise gestohlene Filmnegative, spezielle Schlösser, Kugelschreiber mit den Fotos von Tänzerinnen darauf, Haarpomade, ein Kupferdolch, farbiges Briefpapier, Lederhandschuhe, verzierte Gürtel, Dosen mit türkischem Tabak, eine Wasserpfeife, Wolfszähne, Schlüsselanhänger mit Glasperlen, wie die, die von Gefängnisinsassen hergestellt werden, Sonnenbrillen mit konkaven Linsen und so weiter. Und dann die verschlossenen Umschläge. Einen davon öffnete Husseino vor unseren Augen, und es kamen Fotos zutage von Frauen, die völlig nackt waren und ihre Brüste und Hintern zur Schau stellten, daß der Norden dabei in Ohnmacht gefallen wäre.

«Mein Gott! Was ist das, Husseino?»

Husseino schmatzte, leckte sich die Lippen und flüsterte freudig verschmitzt: «Ich werde euch einige davon borgen, wenn ihr schwört, sie unversehrt zurückzubringen.»

Wir fragten erstaunt: «Warum sollten wir sie ausleihen, Husseino? Zu Hause würden sie uns umbringen, wenn sie sie bei uns entdeckten.»

Natürlich verstand Husseino den Grund, warum wir diese wertvolle Leihgabe zurückwiesen.

«Schon gut. In einem Jahr werdet ihr mich um sie anbetteln!»

Und tatsächlich, ein Jahr später bettelten wir um sie, und Husseino zierte sich lange, bis er sie uns borgte. Doch wir hatten schon keine Lust mehr, uns von ihm erpressen zu lassen. Wir kannten ja den Weg zum Laden des buckligen Baghde. Sobald wir etwas Geld zur Verfügung hatten, gingen wir zu ihm.

«Hast du etwas für uns, Baghde?»

Er zwinkerte uns zu: «Kommt herein!»

Dann warf er Haufen schmutziger Kleider von einer

rostigen Truhe, zog die Schubladen auf und gab uns ein paar Fotos für unsere paar Münzen.

«Die ist nicht schön, Baghde. Tausch sie aus!»

Baghde war am Ende seiner Geduld: «Ich tausche nicht, was ich verkauft habe. Haut ab!»

Enttäuscht gingen wir.

Die Fotos waren schön, und sie trieben uns an immer entlegenere Orte, wo wir unsere Jugendkraft erprobten.

Was für ein Mann das war, der bucklige Baghde! In seiner Werkstatt lag er auf der Lauer, seine Schürze war wie die eines Schmieds, nur gelb und mit versengten Stellen übersät, die die glühenden Kohlen seines Bügeleisens hinterlassen hatten. Baghde war Bügler, ein Meister seines Fachs. Er preßte mit seiner mageren Hand das Bügeleisen auf den Stoff, und die Falten der Hosen wurden scharf wie Rasierklingen. Er mußte ohne Unterlaß pressen, damit die Kunden sich an ihren schönen Kleidern erfreuten. Er mußte mit dem ganzen Gewicht seines Buckels pressen. Presse, presse, Baghde! Deine Kunden leben nicht im Überfluß, sie können es sich nicht leisten, ihre Kleider jede Woche zum Bügeln zu bringen. Presse, Baghde! Es gibt Leute, die zu Hause in Unterhosen auf ihre einzige Hose warten. Presse, bis dein Bügeleisen in den tiefsten Tiefen der Hölle haften bleibt! Presse lange, damit dein Buckel sich dem gallertigen Leben würdig erweist! Presse, Wächter der Kohlen und ihrer weiblichen Hitze! Presse, presse, presse!

Baghde hatte noch einen anderen Beruf, einen, der an patriotische Anlässe gebunden war. Und wie zahlreich waren die patriotischen Anlässe im Norden! Feste zum Gedenken an Niederlagen, Feste zum Gedenken an Siege, Feste für Kriege, die man geführt hatte, und Feste für Kriege, die sich nie ereignet hatten, Feste für Märtyrer, von denen einige noch lebten, aber vergessen waren, Feste bei der Machtergreifung der «Opportunisten» und Feste bei deren Abdankung, Feste für Bäume, bei denen man Bäume fällte, um Triumphbögen herzustellen, Feste anläßlich von Vertragsabschlüssen und Feste anläßlich der Aufkündigung dieser Verträge. Feste für Mütter, die begleitet waren von Mahnungen, Geschenke zu kaufen, aber Geschenke konnten wir uns nicht leisten. Feste für die faulen Lehrer, die nichts anderes konnten, als mit ihren harten Stöcken zu schlagen. Feste ohne besonderen Anlaß, bei denen wir unsere Schultaschen verloren, wenn wir atemlos hinter den Lehrern herrannten, deren Kehlen desto lauter schrien, je näher sie dem Regierungspalast kamen. Feste um zu feiern. Und bei jedem dieser ohne Unterlaß aufeinanderfolgenden Feste hatte Baghde seinen schauspielerischen Auftritt, zusammen mit seinem Partner Ibrahîm, dem Naschwerkverkäufer. Ibrahîm stand mit seinem reichverzierten zweirädrigen Karren die meiste Zeit des Tages vor Baghdes Laden. Es war, als ob sie ständig über ihr Theaterstück beratschlagten, das aus nicht mehr als zwei Rollen bestand: der Rolle des Kolonialherrn (gespielt vom Buckligen) und der des Freiheitskämpfers (gespielt vom Naschwerkverkäufer). Beide kannten ihre ewiggleichen Rollen auswendig, doch sie stritten sich über die Einzelheiten.

«Wir sollten ein paar Statisten in unser Stück einbeziehen, zum Beispiel Schulkinder», sagte Ibrahîm. Und der Bucklige antwortete: «Wir zwei genügen, Biro. Ich kann die Rolle der Statisten zusätzlich übernehmen.»

«Du bist nur einer, wir brauchen zehn.»

«Ich bin wie zehn oder noch mehr», gab der Bucklige zurück.

«Wir brauchen eine Gruppe, die nach deiner Hinrichtung die Nationalhymne singt.»

«Wir nehmen ein Tonbandgerät mit.»

«Sie könnten Papierfähnchen tragen und damit winken.»

«Unnötig! Wir hängen die Fahnen an eine lange Schnur. In der Schlußszene drehen wir den Ventilator an und richten ihn darauf.»

«Wie dumm du bist! Wir könnten doch ein paar Mädchen gewinnen ...»

Der Bucklige überlegte angestrengt, dann beugte er sich mit seinem kurzen Hals nach vorn: «Was habe ich davon, Biro?»

Ibrahîm wurde sich seines Fehlers bewußt und warf einen mitleidigen Blick auf Baghdes Buckel, und dann begann der Disput von vorn.

Am Ende bestiegen nur sie beide die Bühne, wenn in der Schule oder im Kinosaal der Moment gekommen war. Die ewiggleiche erste Szene begann: Der Naschwerkverkäufer spähte ins Publikum und rief: «Es lebe das Vaterland!» Und die Wände bebten vom Applaus. Dann trat der Bucklige in einer ausländischen Offiziersuniform auf, und die Wände bebten von Pfiffen. Wie ein Clown setzte sich der bucklige Offizier auf seinen Stuhl und brüllte: «Bringt mir den Verfluchten her! Bringt mir diesen Araber!» Da erschien der Naschwerkverkäufer-Freiheitskämpfer von allein, ohne daß ihn jemand bringen mußte. Er blieb stehen und hob stolz und vertrauensvoll den Kopf, um nun seinerseits zu brüllen: «Ihr müßt verschwinden. Das Land der Araber gehört den Arabern. Wir werden kämpfen bis zum letzten Atemzug.» Tosender Applaus! Die Stühle zerbrachen. Als sich der Lärm gelegt hatte, zeigte der Bucklige mit dem Finger auf den Naschwerkverkäufer: «Führt ihn aaaab!» Doch es war niemand da, der Ibrahîm hätte abführen können. So drehte er sich allein um und verschwand selbstsicheren Schrittes hinter dem Vorhang.

Wir beneideten Ibrahîm um sein Talent. Die Erwachsenen beneideten ihn noch mehr, denn von einem patriotischen Anlaß zum nächsten blieb der Naschwerkverkäufer Herr des Viertels. Die Schulmädchen drängten sich um ihn, kauften Wassermelonenkerne in kleinen Portionen und sahen ihn schüchtern aus den Augenwinkeln an. Der Bucklige hingegen kehrte wieder in seine Werkstatt zurück, verkaufte uns Nacktfotos und preßte mit seinem Höllenbügeleisen auf das Brett, während zwischen seinen nackten Schultern einer seiner Meteoriten aufglühte, der im Bauch der Erde bei ihrer Erschaffung entstanden war.

«Was für ein lächerliches Geheimnis!» flüsterten wir uns zu, wenn wir an die Umschläge der Mrâdo-Söhne dachten. «Ist das alles, Baschîro? Ist das alles, Husseino?» Nein! Sie zeigten uns noch verwirrendere Dinge. Wir waren nur im Reich der nackten Frauen Helden, und unsere Reiche zerfielen angesichts von Fotos, die Männer *und* Frauen in völliger Nacktheit zeigten, in fesselnder Nacktheit, wo sich Glieder ineinander verschlangen wie Hände und sich eine wilde Schlacht lieferten, in der allein die Zeit eine Niederlage erlitt.

Wohl bekomm's den beiden! Auf ihre Abende im Keller! Für die Freunde zündeten sie die Gaslampe an, und bis zum Morgengrauen spielten sie Karten. Wenn sie aufhörten – nicht etwa, weil sie das Spiel zu Ende gespielt hatten, sondern weil Mrâdo zu seinem Morgengebet aufstand –, gaben sie uns zwei Pfund. Denn wir hatten auf der Treppe Wache gehalten, damit niemand sie überraschte. Aber vor unerwartetem Besuch blieben wir nicht verschont. Die Großmutter der beiden pflegte spät zu Bett zu gehen. Sie war hundertzwanzig Jahre alt, und Zentimeter für Zentimeter durchforschte sie mit ihrem hohl klappernden Stock den Hinterhof des Hauses. Sie war blind wie die Nacht, aber sie kannte jedes einzelne ihrer Hühner und ebenso die Stufen, die in und aus dem Keller führten. Ihr war es egal, ob es Tag oder Nacht war. Sie begann ihren Rundgang, wann immer sie aus dem Schlaf erwachte, der kein richtiger Schlaf war. Sie döste stehend, sitzend oder an eine Mauer gelehnt. Sie hatte kein Zeitgefühl. Mit ihrem Stock tastete sie Himmel und Erde ab und haßte die kleinen Fremden, mit denen ihre Enkel und die Söhne ihrer Enkel verkehrten. Nur sie, diese blinde, furchterregende Frau, ertappte uns manchmal in den Kellernächten. Sie stellte sich auf die oberste Treppenstufe und schrie mit zittriger, müder Stimme: «Wer da?»

Sogleich verwandelten wir uns in Statuen von Dunkelheit und Kalk und hielten den Atem an. Doch sie glaubte der schweren Stille nicht.

«Ich höre euer Herz schlagen, ihr Hurensöhne!»

Sie stieg die Treppe hinunter, das Klappern des hölzernen Führers auf dem Beton ging ihr voran. Uns nützte das Geräusch, denn wir konnten rechtzeitig auf den Zwischenboden klettern, der genau über dem Feuerloch lag. Wenn kein Feuer mehr im Ofen war, blieb das Gemisch aus Kieselsteinen und Salz glühend auf dem Zwischenboden zurück. Man streute es aus, um den Fußboden des Wohnhauses und des Ladens vor der Glut des Feuers abzuschirmen. «Oh, Himmel!» riefen wir lautlos und rochen unsere langsam versengenden Gummischuhe.

«Geh raus!» flehten unsere Füße. «Geh raus, um Gottes Willen, bitte, du Esel!»

Doch ganz langsam tastete die Blinde die Ecken ab, durchforstete den Kalkhaufen: «Ich höre eure Herzen schlagen, ihr Melonenköpfe!»

«Oh, Husseino, deine Großmutter wird nie mehr rausgehen. Oh, unsere Hintern sind schon dabei zu schmelzen!»

«Wartet ein wenig!» flüsterte Husseino. Und wir warteten wie Störche einmal auf dem linken Fuß, dann wieder auf dem rechten. Schließlich ging die Blinde unter Drohungen hinaus: «Ich werde oben auf der Treppe auf euch warten. Ein Jahr lang werde ich oben auf der Treppe auf euch warten. Ihr müßt ja einmal rauskommen!»

Dann ging sie und setzte sich auf die oberste Treppenstufe. Ein Gespenst, das den Schatz aus Kalk und Teig und Flammen unter unseren Hintern bewachte.

«Oh, Husseino, wir halten es nicht mehr aus!»

Da kletterte Husseino hinunter und öffnete uns die Tür der Bäckerei. Die Großmutter spürte den Luftzug und hörte das Getrappel unserer überstürzten Flucht, aber wir waren schon draußen und rannten nach Hause.

Am nächsten Morgen schwor die Blinde jedem, der es hören wollte, daß Diebe dagewesen seien, die das Haus und die Bäckerei durchsucht hätten. Aber keiner glaubte ihr, denn jeden Morgen erzählte sie eine neue Geschichte von Dieben, die ihre Hühner und ihre Eier stehlen wollten, ohne daß jemals ein einziges Huhn oder ein Ei aus der Vorratstruhe verschwand.

Viele bewachten, wie Husseinos blinde Großmutter, ihre Königreiche. Viele waren Wächter über den Staub und seine magischen Dinge. Nein, ich untertreibe: Es ist eine verbürgte Tatsache, daß jeder Bewohner des Nordens irgend etwas hatte, das er bewachte. Sie waren ewige Bewacher. Die Geister ihres Innern vertrauten ihnen den geheimnisvollen Lauf der Welt an, der keinen Platz für die wechselnden Regierungen, für Gesetz, Ordnung oder menschliche Beziehungen hatte. Nur der Alptraum war da oder der geheimnisvolle Anführer, der mit jeder Hand in eine andere Richtung wies. So folgte die eine Hälfte deines Herzens der rechten Hand und die andere Hälfte der linken. Du aber bliebst zurück, am gleichen Ort, blind, kanntest nichts anderes als den Wind, der mit deiner langen Stirnfranse spielte.

Wächter sind sie, die auf schriftliche Verträge mit dem Geist warten. Doch der Geist hat weder Papier noch Tintenfaß. Wächter des Wartens, mit ihrem Warten betraut. Verbündete des Wassers und des Staubs. Verbündete der Ähren. Sie warten auf die Strahlen, ach!

Blêro bewachte die beiden Brücken der Stadt, indem er zwischen ihnen hin- und herzog. Er hatte einfach beschlossen, Wächter der Brücken zu sein. Er hielt die Lastwagen an und brüllte: «Ihr seid zu schwer beladen!» Da gaben sie ihm einen Apfel oder Trauben. Dann räumte er ein: «Jetzt ist es gut. Gott sei mit euch!» Er hielt die Leute an, die die Brücke überquerten: «Geht nicht auf den Absätzen! Es schadet der Brücke.» Und dem alten Mann zu Ehren, der diese merkwürdige Leidenschaft betrieb, überquerten sie die Brücke auf den Zehenspitzen, was ihn glücklich machte.

Sêwe war die Bewacherin imaginärer Bäche. Sie ging die Straße entlang, hob plötzlich ihr Kleid bis über die Knie und hüpfte. Dasselbe tat sie vor Hauseingängen, Läden, dem Eingang zum öffentlichen Park und auf dem Sieben-Seen-Platz. Alle zwei Schritte fand sich ein Bach auf ihrem Weg, ein Bach, den niemand sah. Bäche auf dem Asphalt, in den Wänden, in der Luft, und Sêwe sprang darüber. Noch nie hatte sie das Bachwasser getrübt oder den Lehm am Ufer aufgewirbelt.

Abbâsse Quso trug in seinem Bündel immer einen Trägerhaken mit, dessen Griff mit einem farbigen Lederriemen umwickelt war und von dem Zotteln baumelten. Wo immer er hinging, lagen ihm unsichtbare Getreidesäcke im Weg. Er hielt an, zückte seinen Haken und bückte sich, als wollte er den Sack vom Boden heben und auf seinen Rücken hieven. Er machte dann zwei Schritte und warf den Sack wieder ab. In alle Ewigkeit war er damit beauftragt, die Säcke vom Weg fortzuschaffen. Die Kinder machten sich über ihn lustig und riefen: «Abbâsse, hier ist ein Sack... und hier ist ein Sack!» Dabei zeigten sie irgendwohin. Abbâsse kam keuchend an, schlug seinen Haken in die Luft, drehte sich um und trug seine Last an einen sicheren Ort.

Dawûd Kôt trieb, wohin immer er auch ging, eine Herde Schafe vor sich her, eine Herde aus der Wolle seines Traums. Er sprang hierhin und hüpfte dorthin, eilte auf seinem Weg oder bummelte, rannte hinter einem verirrten Bock oder einem übermütigen Lamm her, um sie wieder zur Herde zurückzubringen. Er schwang seinen Stock: «Hüa, hü!» Natürlich gab es kein einziges Schaf. Es waren ihm, wie allen Söhnen von der erleuchteten Art, unsichtbare Tiere anvertraut.

Doch unser Onkel, der Sufi, hatte sich um das Register der Großen Zeichen zu kümmern, der Zeichen der Zerstörung, die die vergnügungssüchtigen Menschen vorbereiteten. Seine Name war «der Sufi», so kannten wir ihn und hatten vergessen, wie er wirklich hieß. Das Fieber der Großen Zeichen erfaßte ihn ausschließlich im Frühjahr. Drei Monate im Jahr las er aus dem offenen Register, das so weit war wie der Horizont, las über die Tiere, die Schritte der Menschen, die Wolken, die Erscheinung des Klagesterns neben dem Morgenstern. «Ach, mein Herz», seufzte er laut. «Ach, mein Herz! Unsere Schafe sprechen in der Nacht wie Menschen. Ach, mein Herz! Die Leute heben beim Vorbeigehen ihre rechte Schulter. Ach, mein Herz! Der Klagestern erscheint und verschwindet, ohne daß ihn jemand sieht. Ach, mein Herz! Absichtlich lassen die Hühner ihren Kot auf dem Gebetsteppich fallen. Ach, mein Herz! Die Jungen verfluchen Gott, und die

Erwachsenen beten, ohne ihre Waschungen zu vollziehen. Ach, mein Herz! Der Imam macht Fehler beim Rezitieren des Korans. Ach, mein Herz! Die Wolken formen sich zu einem Hund.» Das waren seine großen Zeichen, Zeichen der Erschütterung und der Trompete, die vom Westen her ertönen wird. Die Gräber, die Täler, die Häuser, die Pflanzen werden auf eine Waage gelegt, und ein einziger Engel wird Himmel und Erde abwiegen wie der Händler auf dem Markt die Zwiebeln. Nur drei Monate im Jahr öffnete er das Verzeichnis und zählte die Leiden der Lebewesen im Moment ihres Todes. Wenn der Frühling vorbei war, kehrte der Sufi auf die Erde zurück, und an sein Register erinnerte er sich nur noch vage.

Die Attacken des Frühlingsfiebers verwandelten ihn in ein Wesen voll Bitterkeit, und er führte sich auf wie der Prophet eines Volkes, das nicht mehr auf Propheten hörte. Den Tag verbrachte er auf dem Markt in der Stadt, bei den Händlern. Er erteilte Ratschläge und drohte. Er stellte sich vor das Tor der Moschee, und wenn der Imam auftauchte, packte er ihn am Saum seines weiten Ärmels und befahl ihm, eine Predigt über den bevorstehenden Weltuntergang zu halten. Der Imam versprach es und vergaß ihn wieder. Am Abend kehrte der Sufi erschöpft und verzweifelt nach Hause zurück: Diese verdorbenen Leute sind nicht zu retten. Er hockte sich hin, brach in Tränen aus, weinte bitterlich und murmelte: «Es bringt nichts, mein Gott, alles ist umsonst!»

Alle kannten seine Anfälle im Frühjahr, behandelten ihn liebenswürdig und besänftigten ihn mit gutgemeinten Worten: «Hab Geduld, Sufi, die Leute gehen in sich, sie werden über deine Worte nachdenken.» Das tröstete ihn ein wenig. Im Sommer, Herbst und Winter gab es echte Katastrophen. Der Sufi gewann viele Leute als Partner seiner Projekte zum Anbau von Wassermelonen oder Linsen. Wenn sie ihm Geld bezahlt hatten, verschwand er damit, durchstreifte Hunderte von Dörfern und ein paar Städte. Mit leeren Händen kam er zurück, und seine Brüder waren gezwungen, ihn und seine Familie durchzufüttern. Wenn sie ihn fragten, wo er gewesen sei, antwortete er, er habe an einer Versammlung von Dorfsufis über Religionsangelegenheiten teilgenommen. Und man verstummte angesichts seiner Leichtfertigkeit und seiner kuriosen Logik.

Er war kein Spaßvogel, dieser frühjährliche Wächter des Registers des Jüngsten Gerichts, der die Sorge für seine Kinder anderen überließ und sein Leben im Fieber und auf Reisen verbrachte. Er wollte auf diesen Streifzügen nicht mit den Männern der Religion diskutieren, wie er behauptete, sondern sie einfach kennenlernen. Er kannte jeden Malla, jeden Sufi, jeden Rechtsgelehrten und jeden Religionsgelehrten, der auch nur zwei Bücher gelesen hatte. Das war seine Leidenschaft. An keinem Ort blieb er lange. Er verabschiedete sich von seinen Gastgebern in irgendeinem abgelegenen Dorf, um zur Moschee zu gehen, und kam nicht mehr zurück. Er pflegte zu sagen: «Anstrengung ist das Glück des Gläubigen.» So hüllten ihn die Finsternis und ihr Gefasel ein.

Er kannte alle, die Leute von weither und die Leute in der Nähe. Er kannte die verborgenen und die sichtbaren Pfade der Dörfer und wußte, wie die Lehmmoscheen dort aussahen. Eine Fläche, die eine Million Lebewesen umfaßte, durchmaß er zu Fuß. Und als er das Große Alphabet des undurchdringlichen Geheimnisses erreicht hatte, fanden sie ihn eines Morgens ohne den kleinsten Kratzer am Körper im zwanzig Meter tiefen Brunnen seines Hauses sitzen. Wie an den Abenden seiner Fieberanfälle, wenn er voll Bitterkeit nach Hause kam, dahockte und weinte. Doch nun war er tot.

Die Wächter des Nordens waren die Wächter Mêros und seiner Späher, die die Zeit auskundschaften. Wir wußten, Husseinos Großmutter, Blêro, Sêwe, Abbâse Quso, Dawûd Kôt, mein Onkel, der Sufi, Schekro, Habsûno, Aabo, Awdeke Kischo-Mischo, Staifo, die Gänse der Familie von Hadschi Kewer, die sich wie verrückte Hunde auf die Passanten stürzten, die Hündin der Griechin Helena, die sich unaufhörlich um die eigene Achse drehte, als ob sie das Gleichgewicht verloren hätte – sie alle bis zum letzten Wesen, das einen Namen trug oder namenlos war, waren Vorboten des Hirten Mêro, der darauf wartete, daß sich auf der Erde fünfzig Jahre lang Ruhe einstellte, um sie alsbald mit den Hörnern seiner Böcke zu erobern. Doch wer würde es wagen, das zu enthüllen? Und wer würde es wagen, all diesen Wesen zu nahe zu treten?

Andererseits gab es viele Dinge, die wir schlecht behandelten. Es gab Leute, die überhaupt nichts mit dem Fabelwesen Mêro zu tun hatten. Wir plünderten und verwüsteten die Felder von Aarde, dem Merdiner, rannten den winzigen Zaunkönigen nach und rissen unterwegs die Auberginenstauden und Kürbispflanzen aus. Wir hatten das Mikrofon von Kâssimo, dessen Kabel wir durchschnitten, oder den Laden von Adîbo, den wir immer wieder erpreßten: «Wir wollen eine Packung Merdschân-Zigaretten, Adîbo!» Adîbo weigerte sich zuerst. So machten wir Anstalten, an sein Schaufenster zu pinkeln, bis er nachgab. «Wir wollen einen Schleckstengel, Adîbo!» Er weigerte sich wieder, und wir drohten ihm damit, alles aufzudecken ... und er gab nach.

Was war es, das wir aufzudecken drohten? Es war

etwas, wofür er wirklich bezahlen mußte. Sonst würde ihn sein Vater umbringen. Zweihundert Meter vom Laden entfernt wohnte Chânemme mit ihren beiden Söhnen. Sie war eine geschiedene Frau in den Fünfzigern, mit einem rundlichen Körper. Ihren jüngeren Sohn, der etwa so alt war wie wir, sahen wir immer wieder den Laden aufsuchen und mit Zucker, Tabak und Ölflaschen wieder herauskommen. Wir fragten: «Adîbo, was geht hier vor?»

«Nichts, nichts!»

«Adîbo, von Chânemes Sohn kriegst du kein Geld!»

«Doch! Ihr seht es nur nicht.»

Wir beschlossen, die kuriose Angelegenheit zu überwachen, bis wir eines Tages bemerkten, daß Chânemes Sohn mit Adîbo flüsterte, sehr lange flüsterte. Wir taten, als ob wir uns vom Laden entfernten, versammelten uns aber hinter der eingefallenen Mauer des Hadsch Scheicho, um von dort alles zu beobachten.

Es war Abend, kurz nach Sonnenuntergang. Adîbo verschloß die Holztür des Ladens und sicherte sie mit einem langen Eisenriegel, an dessen Ende sich ein Loch für das Schloß befand. Er ging auf Chânemes Haus zu, wobei er sich ständig vorsichtig umdrehte. Als er in die Gasse schlüpfte, die direkt zu Chânemes Haus führte, rannten wir los wie Hähne, die in der Nähe ihrer Hühner einen fremden Hahn wittern. Als wir in der Gasse ankamen, war die Tür soeben geschlossen worden, und im rostigen Schloß drehte sich von innen ächzend der Schlüssel.

Wir zogen den Kopf ein und eilten leichtfüßig wie Katzen zum niedrigen Fenster. Wir stießen mit den Köpfen gegeneinander und drängten einander weg, um besser zu sehen. Kurz war der Vorhang des einzigen Fensters in diesem Haus aus Lehm. Drei schmale Matratzen lagen im

Innern. Das konnten wir im Licht der Gaslampe erkennen. Kochtöpfe und zwei kleine Strohstühle standen auf dem Boden. An der Wand gegenüber dem Fenster hing ein Gazellenkopf aus Gips. Genau darunter saß Adîbo wie ein Kind auf Chânemes Schoß. Sie liebkoste ihn. Zuerst streichelte sie ihm mit der Hand durchs Haar: «Mein Hahn!» Dann führte sie seine Hand aus seinem Schoß und legte sie sich auf die Brust: «Magst du die Melone?» Mit jeder Bewegung wurde Adîbo röter. Als sie ihre Hand zu den Knöpfen seiner Hose ausstreckte, preßte er die Schenkel in einer schüchternen, schamvollen Bewegung zusammen. Sie flüsterte: «Hab keine Angst, mein Hahn! Ich tu dir keine Gewalt an. Dein Schwanz ist groß, Adîbo. Ach! Laß mich ihn anschauen, mein Hahn!» Sie zog sein baumelndes Glied hervor und fing an, es sanft zu reiben.

«Ach, ach, du wirst Süßigkeiten kosten, mein Hahn! Setz dich neben mich!»

Adîbo erhob sich, um sich neben sie zu setzen. Sie öffnete alle seine Hosenknöpfe, dann zog sie die Hose herunter und entblößte die Schenkel. Auch die Unterhose zog sie ihm aus.

Unsere Münder waren ganz weich, und die Unterlippe hing uns bis zum Boden. Wir stammelten leise Worte, die wir selbst nicht verstanden. Wir waren erstarrt, kein Kopf stieß mehr gegen einen andern. Jeder von uns war zufrieden, mit einem Auge oder aus dem Augenwinkel zuzusehen.

«Oh, mein Hahn», sagte Châneme, dann glitt sie mit dem Mund über seinen Bauch, bis sie Adîbos Schwanz berührte und ihn verschlang. Als sie ihn nach Minuten wieder losließ, war er aufgerichtet und rot wie ein Küken, das zu früh aus dem Ei geschlüpft ist.

«Leg dich hin, mein Hahn!» sagte sie zu ihm, und er

tat es. Dann krempelte Châneme ihr Kleid hoch und nahm den Saum zwischen die Zähne. Ihr nackter Unterkörper kam zum Vorschein, rund, ein Fleischkloß von rundem Weiß, das die Sonne noch nie berührt hatte. So setzte sie sich auf ihn.

«Beweg dich nicht, mein Hahn! Ich werde dich mit meiner Hand führen.» Sie bewegte sich langsam auf und ab.

«Oh, mein Hahn!»

«Oh, mein Huhn . . .!»

Adîbo beugte sich mit dem Oberkörper nach vorn, vergrub seinen Kopf zwischen ihren Brüsten und erschlaffte.

Châneme stieg von ihm herunter und sagte: «Beweg dich nicht!» Vom Fenster aus schien es uns, als ob er plötzlich aus dem Schlaf erwachte. «Beim erstenmal kommt es eben schnell, mein Hahn!»

Dann brachte sie einen Lappen und trocknete ihn damit ab. «Ich möchte ein paar Schachteln Kent, mein Hahn.»

Und als ob Adîbo die letzte Schicht seiner ersten Ekstase mit einer Frau abstreifte, antwortete er: «Kent sind teure Zigaretten, die Schachteln sind abgezählt. Es würde gleich herauskommen.»

«Ach, mein Hahn, ich habe Janîdscha- und Bafratabak über. Schick mir wenigstens was vom Besten!»

«Ich werde dir vom Vorzüglichsten schicken», flüsterte Adîbo. So einigten sie sich.

Adîbo versuchte aufzustehen, um nach diesem einschneidenden Erlebnis seine Seele wieder in Ordnung zu bringen. Aber Châneme sagte: «Zieh dich ganz aus!» Er sah sie erstaunt an. Sie kam seiner Widerrede zuvor und befahl: «Zieh dich ganz aus! Ich werde dir das Schönste zeigen, mein Hahn!» Da zog er all seine Kleider aus und stützte sich ausgestreckt auf das Kissen.

Ach, Châneme, wir sahen doch zu! In unserem Alter einer kaum erblühten Kürbisblüte war dies der erste nackte Unterleib einer Frau. Es war der erste nackte Unterleib, der gegen den Schild unseres Alters geführt wurde. Châneme! Rund in rundem Weiß! Das Schönste, das wir je gesehen hatten. Zum erstenmal sahen wir einen Unterleib. Einen Unterleib, für den wir keinen passenden Ausdruck wußten. Ach, Châneme! Châneme brachte Adîbo ein Glas Tee: «Genieß es,' Adîbo! Du verdienst es.» Und sie stand auf, um sich ebenfalls auszuziehen.

Nackt saßen sie da. Adîbo musterte neugierig ihren Körper und schlürfte dabei den Tee. Sie streichelte ihn ausgiebig. Sie tastete den Horizont seiner Jugendlichkeit ab. Sie, die die Herrlichkeit der Männer kannte, entdeckte den reifenden Körper eines Knaben, der sein vierzehntes Lebensjahr noch nicht erreicht hatte. Sie hatte Vertrauen, und sie zögerte. Sie unterzog sich selbst und nicht Adîbo einer Prüfung. Sie prüfte, was ihr Körper verloren hatte und was er noch gewinnen konnte. Und wir? Was war mit uns? Ein kurzer Vorhang, kleine Gestalten. Köpfe wie grüne Melonen auf einem Feld marmorner Verblüffung. «Bring sie um, Adîbo! Mach sie fertig!» Wir hatten vergessen, daß wir hier waren, um Adîbos Geheimnis zu lüften. Wir vergaßen unser Spiel.

«Nimm sie von hinten, Adîbo! Mit deinem ganzen Körper, mit deinem Laden, mit deinen Tabakdosen, mit deiner Hose, deinen Schuhen! Durch jedes Loch dring in sie ein, Adîbo!»

Nackt waren sie im seidigen Wind unserer zitternden Herzen. Nackt vor der Landkarte des Keuchens folgten sie mit ihren Fingern den Flüssen, den Hügeln und den Bergen und mit ihren Augen den Dörfern, Städten und Dämmen. Nackt wie ein Linsenfeld! Wie Wolken ballten sich ihre Zärtlichkeiten in ihrem weichen Raum. Als es regnete, sagte Chânemé: «Sei mein Schirm, mein Hahn!» Sie legte sich hin, und Adîbo hockte sich zwischen zwei Säulen aus Wolken und Basilienkraut. «Streck deine Beine aus und faß meine Schultern!» flüsterte Chânemé, öffnete die beiden Säulen so weit wie möglich und preßte sie an seine Hüfte. «Stoß! ... Stoß!» Und sie umfaßte ihn ganz. Sie umfaßte den Schirm, das Zittern, den Laden, den Gazellenkopf, der über ihnen an der Wand hing, die Gaslampe, das Fenster und unsere Verblüffung.

Am folgenden Tag blickten wir Adîbo neidisch und verschlagen an. Wir betraten seinen Laden in der Gewißheit, monatelang mit Tabak versorgt zu werden.

«Gib uns eine Schachtel Bafra, Adîbo!»

Adîbo weigerte sich: «Bin ich etwa ein Tabaklager? Haut ab!» Da äfften wir in liebkosendem Tonfall nach: «Na und, mein Hahn? Bafra, Bafra.» Adîbo war wie vom Blitz getroffen, streckte seine Hand mechanisch nach dem Regal aus und gab uns, was wir wollten. Natürlich beschränkten sich unsere Forderungen nicht auf Tabak.

«Gib uns das Geld für Kinokarten! Gib uns einen Schleckstengel! Gib uns eine Sardinenbüchse! Gib! Gib! Gib!»

Fast hätte Adîbos Vater wegen unserer und Chânemés Forderungen Konkurs anmelden müssen. Er kümmerte sich bald wieder selbst um den Laden, weil er begriffen hatte, daß er ihn zu lange vernachlässigt hatte. Seine beiden Ehefrauen hatten ihn in Atem gehalten, die ältere, Adîbos Mutter, und die neue, von der er noch nicht genug hatte. Tag und Nacht bekämpften sich die beiden Frauen bis aufs Blut. Die ältere wurde von ihren Kindern unterstützt, und der Ehemann verteidigte seine neue Gattin. Krieg im Innenhof des Hauses. Schuhe segelten durch die Luft. Und der Laden wurde geplündert.

Läden wurden allerdings überall geplündert. Söhne bestahlen ihre Väter, wenn sie ihnen das Geschäft anvertrauten, um in die Moschee zu gehen. Und wie flott ging dieses Treiben erst, wenn sie verreisten! Gegen seinen Willen hatte Mrâdo die Pilgerfahrt nach Mekka unternommen. Er kannte seine Söhne zu gut, er kannte sie, wie er die sich täglich verringernden Einnahmen der Bäckerei kannte. Seine Vorsichtsmaßnahmen und Ermittlungen nützten nichts. Zuletzt sah er sich genötigt, sie zu zwingen, ihm jeden Tag einen bestimmten Betrag abzugeben. Beim Verkauf durften sie soviel Gewinn herausschlagen, wie sie konnten. Da wurden die Söhne sehr tüchtig und backten jetzt Brot aus zwei Säcken Mehl, statt aus einem. Auch hatten sie die Idee, eine Art Kuchen herzustellen, der keineswegs einem Kuchen glich. Sie stellten Jungen an, die ihn auf der Straße verkauften. Auf dem Kopf trugen sie ihn auf viereckigen Blechtabletts, um deren Rand sich leuchtende Kreise von Fliegen und gefräßigen Wespen bildeten.

Mrâdo hatte das Problem der Backstube gelöst, doch was war mit dem Laden? «Ach», seufzte er und übergab ihn den Söhnen. «Ach, es gibt keine Macht und keine Kraft, außer...» So vertraute er auf Gott und ging.

Mrâdos Söhne regelten die Arbeit in der Backstube und im Laden untereinander. Muchammad, der jünger war als die beiden Bäcker Baschîro und Husseino, stand am Morgen früh auf und holte das Mehl mit einem Karren. Mit einem anderen Karren holte er Tomatenkisten, Zucchini und Zucker. Die Brüder waren übereingekommen, daß Muchammad sich um den Laden kümmern sollte. Baschîro trug uns auf, ihn zu überwachen.

«Du da!» rief er. «Du da, stell dich in seine Nähe und berichte mir, wo er das gestohlene Geld versteckt!»

Der Wächter kam bald zu ihm zurück: «In seinem

breiten Gürtel gibt es ein Loch, mein Gott! Ein Loch, in dem er Banknoten sammelt, Baschîro!»

Nach jeder Denunziation verließ Baschîro die Backstube und zerschmetterte eine Holzkiste auf Muchammads Kopf. Dann ging er wieder, als wäre nichts gewesen, und Muchammad wechselte das Versteck. Er war ein Dickwanst. Er war sehr geübt darin, Katzen mit einem Metzgermesser zu häuten, und das gestohlene Geld verschwendete er auf einzigartige Weise – um Fahrräder zu mieten. Doch vorerst erblühten seine Sinne, und er sparte sein Geld für andere Dinge. Dafür wandte er sich hilfesuchend an Adîbo persönlich. Ach, Châneme! Sie fing an, zwei Knaben an ihre ausladende Brust zu drücken. Weil sie sich schämten, waren sie großzügiger als die Erwachsenen, die ihr nur bezahlten, was ihr Körper wert war. Ihre zwei Söhne waren daran gewöhnt, das Haus zu verlassen, wann immer ein Kunde an die Tür klopfte.

Adîbo und Muchammad zogen sich gemeinsam aus, dann Châneme. Der eine fing an, und der andere wartete auf einem Strohstuhl. Das erzählten sie uns, als es kein Geheimnis mehr war. Muchammad machte sich darüber lustig: «Der Hintern Adîbos war wie ein Fußball in Chânemes Tor. Er zitterte so: ttt ... ttt!» Adîbo wurde zornig: «Wenn du dich selbst gesehen hättest, du Maultier! Du hast dir über die Schenkel gepisst, bevor du ihr nahkamst, und du hast gestunken wie ein Stall.» Sie schämten sich und sie stritten. Aber es änderte nichts. Châneme war fünfzig auf Muchammads Kopf zerschmetterte Kisten und drei Läden voller Naschwaren wert.

Doch die Sachlage änderte sich, als Adîbos Vater seinen Laden wieder in die Hand nahm und Mrâdo von der Pilgerfahrt zurückkehrte. Von da an strichen die beiden Burschen um Chânemes Haus, ohne daß sie eingelassen wurden.

«Schlampe! Wir haben dir das Gewicht deines riesigen Hintern in Banknoten bezahlt. Hure! Bitte, nur ein einziges Mal.»

Doch Châneme verschloß die Tür.

«Kommt wieder zu mir, wenn es in euren Taschen raschelt, meine Zicklein!»

Sie warfen Steine gegen ihre Tür.

«Wir werden dein Haus in Brand stecken, Châneme. Du wirst dieses Viertel entehrt verlassen!»

Dann zogen sie ihre Schwänze heraus und pissten an ihre Tür.

Die Rückkehr Mrâdos von der Pilgerfahrt war ein Ereignis. Der harte, leicht erregbare Mann, der den Dorffrauen angeschimmelte Tomaten und zerbrochene Eier verkaufte, kam ganz verwandelt zurück. Fromm senkte er den Kopf vor den Leuten, die ihm eine gesegnete Pilgerfahrt wünschten, und tauschte mit ihnen Schulterküsse aus. Es waren Küsse der Bescheidenheit und der Ehrfurcht. Drei Tage gingen die Leute zu ihm und kamen – jeder seinem Stand gemäß – mit feinen Silberringen und goldbesetzten Betketten als Geschenk wieder von ihm zurück. Pilger brachten Ringe, Betketten und Fläschchen mit dem Wasser vom heiligen Brunnen Semsem mit nach Hause, von dem aber nur wenige Auserwählte kosten durften, sie brachten Teppiche und Spiegel mit, deren Rückseiten die Bilder der Kaaba und der Heiligen Moschee zierten. Millimes aus Raschadgold* waren damals die weniger wertvollen Dinge. Geschenke ... Geschenke! Sogar wir Jungen bekamen unseren Teil. Zum erstenmal durften wir Mrâdo mit ebenso kunstvoller Würde gegenübertreten, wie er sie uns erwies. Wir küßten seine

* Kleine Münzen aus Katzengold.

Hände, um den Segen zu empfangen. Er beugte sich zu uns, um ein Stück Metall in unsere Hände gleiten zu lassen. Als wir wieder draußen waren, spuckten wir auf den Boden und sammelten unsere Geschenke ein, um sie einem Silberschmied zu verkaufen. Mit dem Geld besorgten wir uns einen Fladen Brot mit Süßigkeiten. Wir teilten ihn uns auf dem Weg zu Kâssimos Teich, wo wir schwimmen gingen.

Natürlich vergingen keine zwei Wochen, bis Mrâdo wieder zu seinem eigentlichen Charakter zurückfand. Er vertrieb uns aus der Backstube und aus dem Laden, weil er uns nicht traute.

Einmal schrie er hier, einmal da.

«Geht von den Tomatenkisten weg!»

Die Dorffrauen versammelten sich jeden Vormittag vor seinem Laden und kauften zu Spottpreisen die zermanschten Tomaten und die angefaulten gelben Melonen. Zu Fuß gingen sie in ihre Dörfer zurück, nachdem sie in den frühen Morgenstunden mit ihren Metallgefäßen in die Stadt gekommen waren, um Joghurt, Hühner und Eier, soviel sie tragen konnten, feilzubieten.

Und Muchammad und Adîbo strichen um die Läden ihrer Väter herum, ohne eine Gelegenheit zum Stehlen zu finden. Ach, Châneme! Diese Hure öffnete die Tür und verriegelte sie wieder. Es war ein einziges Kommen und Gehen. Die beiden Jungen rasten vor Zorn: «Laß uns nur deine Schenkel sehen! Was ist das schon?» Doch es nützte nichts. «Du wirst das Viertel entehrt verlassen!» drohten sie. Einige Tage später schlugen sie die Fensterscheibe ein. Und noch ein paar Tage später warfen sie Knallfrösche durchs Fenster, so daß Chânemes Matratze verbrannte. Wieder einen Monat später paßten sie einen Moment ab, in dem niemand zu Hause war, und rissen mit Hilfe eines von einem Esel gezogenen Seils den hölzernen Fensterrahmen heraus. Dann warfen sie einen Hundekadaver ins Innere. Wen hätte Châneme um Hilfe bitten können? Die Bewohner des Viertels haßten sie. Sie hätten keinen Finger für sie krumm gemacht. Die Polizei? Nein. Da packte sie zusammen und ließ sich im Viertel Kaddûr Beg im Osten der Stadt nieder, wo sie ein Liebesnest baute, das bei der ersten Razzia, die die Polizei veranstaltete, aufflog. Sie wurde ins Gefängnis gebracht, und wir hörten nie mehr etwas von ihr.

Ach, Châneme, zwei Jahre oder ein bißchen länger! Zwei Jahre, in denen die halbwüchsigen Jungen viele Säulen aus Fleisch entdeckten, zwischen denen sie sich niederknieten und keuchten.

Der Weg zum Bordell führte über ein unbebautes, mit Lehm bedecktes Stück Land, an dessen Ende eine Handvoll alter Häuser stand, die durch ein dunkles, feuchtes Gewölbe miteinander verbunden waren. Ihre Dächer waren aus Holz, die unter dem Ansturm des Windes knarrten. Dort begann ihr zweiter Wirbelsturm, Châneme, doch diesmal kostete es sie nicht den zehnten Teil dessen, was du von ihnen nahmst. Es mag sein, daß diese Geisterfrauen, die sie verfolgten, nicht so weiß waren wie du, doch sie waren auch rund, ihr Fleisch hing bis zum Boden, wenn sie auf ihren zerschlissenen Kissen saßen. Wenn sie sich erhoben, wackelten ihre Glieder wie eingedickter Pudding, der in einem Karren über einen holperigen Weg gefahren wird. Dort, soweit ein schimmernder Penis oder ein Pfeil der Sehnsucht reichte, erstreckte sich der Friedhof der Geisterfrauen mit seinen eingefallenen Dächern und seinem Stöhnen, das nach medizinischen Salben und billiger Seife roch. Ein vernachlässigtes Königreich, das die Passanten betraten, um ihre Geheimnisse in den Betten zurückzulassen. Sie betraten es mit den Zeptern der Leere in der Hand und kamen heraus mit den Kränzen des Nichts auf dem Kopf. Passanten, die sich nicht ansahen, die auf ihre Schuhe starrten. Wenn sie den Blick hoben, wandten sie ihn einem Geist zu, den sie auswählten, um bei ihm die Beichte ihres Körpers abzulegen. Dort, Châneme, dort, in zwei Jahren oder etwas länger, wurden die jungen Besucher sich einig über ihre Körper, ihre Götter, ihre Regierungen, ihre Familien und die Gesetze ihrer Familien. Sie wurden sich einig über die Schule und das Zeitalter, das ihnen bestimmt hatte, in dieser zornigen Leere zur Welt zu kommen. Unter diesem Himmel, diesem Stempel aus gebranntem Ton, den die Unwissenden in den Schrecken tauchten und auf die Blätter des Windes und die Hefte unseres Blutes drückten. Dort, auf diesen Betten, die eine ganze Generation mit dem Schweiß ihrer Seelen gewaschen hat, wird eine neue Generation auf die Knie fallen und mit den Händen und aus dem tiefsten Innern heraus lebendige Kugeln umarmen, die unter einer dicken Schicht Lippenstift und Kajal pulsieren, Kugeln, die sich träge öffnen und die Hintern der Männer tätscheln. «Wohl bekomm's!» Dann erheben sie sich und gehen aus Ekel vor ihrem Geschlecht zum Wasserhahn. Dort fängt alles an: Der erste Schlag der Seele und die tausend Schläge des Schicksals, sauer wie verdorbener Wein. Bravo, meine Generation! Bravo!

Muchammad saß nicht lange auf dem trockenen, denn Mrâdo und sein Sohn, der Bäcker Baschîro, bekamen Streit. Der zwanzigjährige Baschîro hatte soviel Selbstvertrauen gewonnen, daß er es seinem argwöhnischen Vater nicht mehr erlaubte, seine Qualitäten in Frage zu stellen, und es nicht mehr zuließ, daß seine Bedürfnisse nichts galten. Mit überdimensionalem Haß reagierte er auf das regelmäßige Erscheinen seines Vaters, dessen dunkle Hoden man unter der Gallabija sah, wenn er auf der Treppe zur Backstube kauerte. Er gab ihm Befehle und wollte in alles Einsicht haben. Als der Streit seinen Höhepunkt erreichte, schlug ihn Baschîro mit der Brotschaufel, worauf der Vater zusammensackte und über die Treppe in den Keller rollte. Von diesem Tag an übernahm Muchammad die Arbeit Husseinos und drückte die Teigstücke flach. Husseino arbeitete an Baschîros Stelle am Feuerloch, wo von Zeit zu Zeit verirrte Mäuse explodierten.

Baschîro ging in eine andere Bäckerei nahe der alten Brücke im Osten der Stadt. Dort beschwerte er sich die ganze Zeit über den Meister, Basil, das Schielauge, weil er ihn mit der Arbeit oft alleinließ. Baschîro mußte alles selbst machen, den Teig kneten, ihn flachdrücken und in den Ofen schieben. Wenn sie durchgebacken waren, zog er die Fladen heraus. Er stand auch bei der rostigen Waage mit den zwei Kupferschalen, um das Brot zu verkaufen.

Baschîro hörte nicht auf, sich zu beschweren, doch Basil, das Schielauge, änderte sich nicht.

«Wo ist dieser Sohn einer Eidechse hingegangen?» murrte er. «Ich werde alles mit Kerosin übergießen und mich davonmachen.»

Manchmal verstummten seine Klagen, wenn ihn nämlich die junge, immer lächelnde Frau des Meisters besuchte. Sie trug ein Kind an der Brust und führte ein anderes an der Hand.

«Er ist wieder mal weggegangen, oder?» fragte sie Baschîro.

Er antwortete ihr mit niedergeschlagenen Augen, die vor Lust überliefen: «Wieder mal, Meisterin, wieder mal.»

Dann schob er die Brotschaufel geschäftig hin und her und zog die Fladen heraus, damit sie die Muskeln seiner Oberarme sehen konnte. Natürlich bemerkte sie

sie, ohne sich jedoch ihre Bewunderung anmerken zu lassen.

In den ersten Tagen nach der Ankunft Baschîros besuchte sie die Backstube nur gelegentlich, doch dann suchte sie sie immer häufiger auf. Sie vertraute ihrem älteren, sechsjährigen Sohn den Bruder an und krempelte die Ärmel hoch, um den Teig zu schneiden und ihn flachzudrücken. Wenn wir Baschîro besuchten, halfen wir ihm beim Verkauf. Wir rochen die weißen Mehlblitze zwischen dem jungen Bäcker und der vernachlässigten Ehefrau des Meisters. Eines Tages beschlossen wir, den Austausch der heimlichen Blitze zu unterbrechen, und fragten: «Wohin geht Meister Basil, Meisterin?» Und sie, die befürchtete, seine Abwesenheit nicht mehr ungestört genießen zu können, machte eine verächtliche Handbewegung.

«Er flüchtet sich an den Busen seiner Mutter.»

Baschîro erwiderte: «Der Meister ist gut, Meisterin. Aber das ...»

Sie unterbrach ihn, als wollte sie schon Gründe finden für eine Sache, die noch in weiter Ferne lag: «Er setzt die ganze Bäckerei aufs Spiel. Auch meine Zeit wird kommen, und er wird um mich spielen. Seine Ehre schielt schon wie sein Auge.»

Sie schlug ein Stück Teig auf den Holztisch, und das feine Mehl zerstob.

So also, Basil? Morgens nimmst du, was Baschîro der Bäckerei eingebracht hat, und gehst damit zum Autofriedhof. Dort triffst du dich mit deinen Kumpanen und setzt dich an einem Tisch voll Motoröl und Eisenspäne. Umgeben von alten Gummireifen, kaputten Motoren, von Schrauben aller Art und Hämmern, mit denen die Arbeiter verbogene Stangen geradeklopften, wechselten sich die Spieler bei ihren Niederlagen ab. Niemand hörte etwas. Lärm in den Kehlen und das Klirren von Metall. Nur die Augen erforschten die Blicke und die rechteckigen kleinen Spielkarten. So also?!

Und die junge Ehefrau kochte vor Zorn.

«Das Schielauge sieht die Karten doppelt. Wie soll er da nicht dauernd verlieren?»

Ach, die Blitze! Ach, die Mehlblitze! Absichtlich ging sie um ihren Tisch herum zum Feuerloch, wo Baschîro leicht vornübergebeugt die Fladen beobachtete, und auch sie beugte sich vor und gab ihm sanfte Anweisungen: «Der da ... dort, der verbrennt schon.»

Sie beugte sich nur vor, um, angezogen von den kleinen Teigfetzen, die an den Härchen auf seinen Händen klebten, seinen nackten Rücken oder seine Achsel zu riechen. Ach, die Blitze! Ach, die Mehlblitze! Was sich nicht vor unseren Augen abspielte, erläuterte Baschîro:

«Mit ihrem ganzen Gewicht stürzte sie sich auf mich.» Das erzählte er uns, nachdem er den Glücksspieler-Bäcker verlassen, sich mit seinem Vater versöhnt hatte und in seine eigene Backstube zurückgekehrt war.

«Es war an einem Morgen. Basil kam, nahm das Geld und ging weg. Ich war über den Teigtrog gebeugt, meine Arme steckten bis zu den Ellbogen im Teig. Die Gittertür der Backstube war nur bis zur Hälfte hochgeschoben. Lamo schlüpfte unten durch und zog den Rolladen hinter sich herunter. Dann versperrte sie ihn mit einem Holzbrett von innen. Ich wußte, was sie tat. Aber ich wollte nicht anfangen. Ich beklagte mich wie immer über ihren Mann und die Arbeit. Sie gab mir keine Antwort, kam auf mich zu und umarmte mich von hinten. Ich flüsterte: ‹Lamo, was machst du?› Sie zitterte, zog mich mit aller Kraft an den Haaren nach hinten und preßte ihren Mund auf meinen. ‹Lamo, der Teig, meine Hände, der Teig!› Sie zitterte und keuchte. Wir fielen auf einen

Mehlsack neben dem Teigtrog. Ich sagte mir: ‹Was geschieht dir?› Ich umarmte sie mit diesen Armen, die mit Teig verschmiert waren. Ich streichelte ihr Haar, ihre Hüften, ihre Schenkel. Mein Mund wanderte von ihrem Gesicht bis zu ihren Füßen, Freunde. Über ihrem Kleid und unter ihrem Kleid. Wir klebten zusammen wie Fladen aus Aleppo. Sie hockte sich hin und rief: ‹Von hinten! Räche dich am Schielauge!› Ach, Freunde! Vier Mal, bis wir die Schritte des ersten Kunden hörten! Vier Mal, Freunde, und sie wimmerte und jammerte.»

Wir sagten voller Bewunderung: «Bravo! Du bist ein toller Kerl!»

Es war Herbst, als Baschîro seinen schielenden Meister verließ. Und als der Winter mit seinen Wellen aus himmlischem, weißem Mehl und mit verirrten Blitzen vom Feuerloch über den Wolken herangezogen war, kamen verschneite Geschichten über den schielenden Basil auf:

«Vor zwei Monaten hat er die Backstube verlassen und ist noch nicht zurückgekehrt.»

«Kürzlich hat man ihn gesehen. Man hat seine Leiche gefunden.»

Aha!

«Er hatte keinen Kopf mehr. Man erkannte ihn an den Kleidern und an der großen Narbe von der Pockenimpfung am Unterarm.»

Aha!

«Zweihundert Meter von der Leiche entfernt stieß man auf den abgetrennten Kopf.»

Hmm!

«Im Umkreis von vierzig Metern war der Schnee rot.»

Woher all das Blut?

«Der Kopf war von einem Hammer zertrümmert.»

Nur die Jungen vom Kaddûr Beg-Viertel waren zu so

etwas fähig. Es hieß, sie plünderten Friedhöfe. Wir nickten. Wir kannten sie. Sie allein konnten Basil, dem Schielauge, so etwas antun. Für einen Ring oder ein Kleidungsstück. In einer einzigen Nacht gruben sie vierzig alte und neue Gräber auf, ohne sie wieder zuzuschütten. Die Regierung hatte zwei Wächter eingesetzt, doch es half nichts. Wie Schakale kamen die Jungen von Kaddûr Beg zum griechisch-orthodoxen Friedhof, wenn sie von einer Beerdigung gehört hatten. Zweimal hatten wir sie begleitet, um ihnen zu beweisen, daß sich die Jungen des Westviertels trotz der Feindschaft, die zwischen uns herrschte, nicht fürchteten. Wir Jungen des Westviertels gaben ihnen, den Söhnen von Aghas, Mallas und Getreidehändlern, zu verstehen, daß wir auch keine Unschuldslämmer waren.

Beim erstenmal gruben sie zwei Gräber auf. Doch sie hatten sich getäuscht. Seltsame Gerüche strömten aus. Geister gerieten in helle Aufregung und vermischten sich mit dem Geschrei der beiden Wächter. Wir flohen. Beim zweitenmal brachten sie die noch frische Leiche eines dreizehnjährigen Mädchens zu Tage. Die Erde hatte ihr noch nicht die Seele ihres Gewürms eingehaucht. Die Jungen von Kaddûr Beg zogen sie nackt aus und spielten vor unseren nächtlichen Augen den Akt einer zerstörerischen Vergewaltigung. Nach jener Nacht sagten wir ihnen, daß uns die Friedhöfe kein Vergnügen bereiteten.

«Kommt, wenn ihr mutig seid, nachts mit uns zum Wäldchen von Hilalija.»

Doch sie weigerten sich, in unsere «Falle» zu tappen, wie es die Schlauen unter ihnen nannten. So trennten wir uns, und sie plünderten trotz der Wächter weiterhin die Gräber. Als die Sache immer ernster wurde, baute die Verwaltung eine mächtige Mauer um den Friedhof. Die Jungen von Kaddûr Beg gruben einen Tunnel unter den

Fundamenten der Mauer hindurch und schlüpften hinein. Und Regierung, Verwaltung und Friedhof konnten nichts mehr ausrichten. Es war wie das Schicksal, wie der Norden, den die Götter aus Langeweile erschaffen hatten.

Ja, die Jungen von Kaddûr Beg haben Basil, dem Schielauge, den Kopf abgeschlagen. Das sagten wir Baschîro. Er sah uns verächtlich an: «Nein, es waren seine Spielerfreunde, ihr Dummköpfe! Seine Freunde haben das gemacht.» Wir dachten nach und kamen zu dem Schluß, daß er Recht hatte. Doch dann kam Basil völlig lebendig zurück, mit seinem Fett, seinem Fleisch, seinem Rumpf und seinem Kopf. Er sprach wie früher, arbeitete wieder in der Backstube ... und schielte. Wegen seiner Schulden war er für vier Monate in die Hauptstadt geflohen. Dann war er zurückgekommen, um sie zu begleichen. Welch eine Geschichte! Doch bald beschäftigte uns der Tod von Assos Großvater, und wir vergaßen Basil.

An einem Tag, an dem wir aus vollem Hals gelacht hatten und uns kaum mehr davon erholen konnten, erreichte uns die Nachricht. Wir krümmten uns vor Lachen, wälzten uns im grauen Sand und zappelten mit den Beinen in der Luft wie auf den Rücken gefallene Grillen. Wir machten uns lustig über Ibn Serse, der einen lebendigen Spatzen samt Federn geschluckt hatte. Sie brachten ihn auf einer Bahre ins Krankenhaus. Ibn Serse war ein richtiger Trottel. Bevor er den Spatzen schluckte, hatten wir ihm von den Sonderkommandos der Armee erzählt: «Die essen lebende Schlangen.»

«Ach!»

«Die essen Hunde und Skorpione, Ibn Serse.»

Kühn und wagemutig erwiderte er: «Ich esse auch Schlangen. Bringt mir eine Schlange!»

Wir zwinkerten uns zu: «Sie essen Hunde!»

Er spielte sich auf: «Bringt einen Hund her! Ich esse auch Hunde.»

Wir machten uns über ihn lustig. Doch unser Staunen über die Sonderkommandos war echt. Wir Wächter des Heldentums auf dieser öden Erde vergnügten uns mit Geschichten über Heldentaten. Jeder von uns war fähig, wenn es die Ehre verlangte, eine lebendige Kuh zu verschlingen. Wenn nötig, würden wir bei den Hörnern anfangen. Doch auch ohne unsere Ehre verteidigen zu müssen, fanden wir einen, über den wir noch mehr spotten konnten als über uns selbst.

«Die Sonderkommandos essen Katzen.»

Ibn Serse brüllte: «Ich esse auch Katzen. Her mit einer Katze!»

Woher sollten wir für Ibn Serse eine Katze besorgen?

«Ich hab's», rief einer von uns. «Wir werden dir einen Spatzen beschaffen.»

«Ich esse auch Spatzen.»

Wir kletterten auf ein Hausdach und suchten nach Spatzennestern. Nachdem wir viele Nester zerstört und zahlreiche Eier zerschlagen hatten, stießen wir auf ein Küken, das fast wie ein ausgewachsener Vogel aussah, obwohl noch immer ein gelber, weicher Kreis seinen Schnabel umgab.

«Hier, Ibn Serse!»

Zuerst war Ibn Serse ängstlich, dann aber schwollen seine Halsvenen an wie bei jemandem, der sich einer alten Feindschaft wieder bewußt wird. Schließlich steckte er das Küken in den Mund. Er kaute es zweimal, und ein schmerzvolles Piepsen kam aus seinen Ohren. Doch das kümmerte ihn kaum. Siegesgewiß hob er die Hände: «Hmm, buuu!» Dann schluckte er das Küken. Aber es wurde ihm speiübel. Er versuchte, sich zu erbrechen, doch es gelang ihm nicht. Er wurde zwei Stunden lang von Krämpfen geschüttelt, bis die prächtige Ambulanz kam.

Zwei Tage lang lachten wir soviel, wie alle Leute des Nordens in einem Jahr nicht lachten, bis uns die Nachricht von Assos Großvaters Tod erreichte.

Einer seiner Arbeiter kam keuchend angerannt. Als er uns, die Gruppe lachender Jungen, erreichte, schrie er: «Sagt seiner Familie Bescheid, daß er unter dem Schutt liegt!» Dieser von Tränen und Schluchzen begleitete Satz war kaum verständlich, und wir fragten: «Wer liegt unter was für einem Schutt?» Der Bote versuchte, sein Keuchen zu unterdrücken: «Der Großvater ... Assos Großvater. Die Lehmgrube ist eingestürzt.» Neugierig fragten wir: «Ist er tot?» Er schrie uns an: «Sagt den Seinen Bescheid ... Er ist tot.» Dann kehrte er um.

Alle Söhne des Großvaters lebten in einem einzigen Haus. Einander gegenüberliegende Zimmer gingen auf den Innenhof, an dessen Ende sich der Kuh- und Maultierstall befand. Assos Vater war der älteste von ihnen, und die andern waren noch nicht lange verheiratet.

Wir durchschritten das offene Tor und gingen durch den Hof. Unter unseren Füßen stoben die Hühner verstört auseinander, die verwöhnten Kühe wichen zurück. Die Maultiere waren nicht da, denn bis zu diesem Moment waren sie vor den Karren des Großvaters und eines seiner Söhne gespannt, die in ihrer Grube Lehm abbauten. Wir schrien: «Der Großvater ist tot.» Da knallten von allen Seiten die Türen, und eine Flut von Menschen kam heraus. Männer, Frauen, Hühner und acht Kinder, Assos Geschwister. Wir zeigten mit dem Finger: «Dort ... die Grube!» Sie warteten das Ende unserer Erklärungen nicht ab, rannten durcheinander hinaus und liefen um die Wette zu Kâssimos Teich. An den Ufern lagen nebeneinander die großen und tiefen Gruben.

Abfallende Gänge und Pfade durchschnitten sie, auf denen die Karren hinein- und hinausfuhren.

Assos Großvater verdiente sich wie viele andere sein tägliches Brot durch den Verkauf von rotem und grauem Lehm, je nach Nachfrage. Mit rotem Lehm stellte man Backsteine her, den grauen brauchte man als Mörtel für den Verputz von Mauern. Mit ihren Maultierkarren fuhren diese starken Männer in die Tiefen der Gruben und trugen den Lehm mit spitzen Hacken ab. Wenn sie die Karren beluden, spannten die Jungen, die sie begleiteten, die Maultiere aus und führten sie zum nahegelegenen Fluß von Hilalija. Sie wuschen sie und vergnügten sich damit, auf ihnen zu reiten. Ein einziger Ruf genügte, und sie kamen zurück. Asso hatte seinen Großvater begleitet, wie immer. Diesen Tag zum letztenmal. Und dann mußte er zusehen, wie der alte Mann zweimal begraben wurde.

Wir folgten der Menge zu Kâssimos Teich, und vom Rand der tiefen Grube aus sahen wir den schrecklichen Einsturz: Auf der Sohle lag ein eingedrückter Karren. Er war mit dem Erdrutsch nach unten gestürzt. Auch eines der Maultiere war da, es schwankte beim Gehen. Die Männer konzentrierten sich auf den Schutthaufen. Mit Hacken bearbeiteten sie ihn, um zum Großvater zu gelangen.

Ach, Asso, du zittertest wie Espenlaub! Wir auch. Gejammer und Gestöhn, stummes Herumirren der Maultiere, die ebenfalls herankamen, um zuzusehen. Endlich kam ein Stück seiner Gallabija zum Vorschein. Sie zogen daran, und sie zerriß, als ob die Leiche an der Erde klebte. Sie warfen die Hacken weg und schaufelten die Leiche mit den Händen frei. Ach, Asso, die spitze Hacke steckte bis zum Schaft in Großvaters Hüfte! Sie zogen die Hacke heraus und wickelten den Toten in eine gelbe Decke, die bald ganz von Blut befleckt war. Sie legten ihn auf einen Karren, den ein trauriges Maultier zog. Wir folgten dem Zug bis zum Haus, den Hühnern und den Kühen seiner Söhne. Und wir blieben in der Menge stehen, bis die Begräbnisvorbereitungen beendet waren.

Sie brachten den Leichnam zur Moschee. Sie wuschen ihn und beteten für ihn. Dann luden sie ihn wieder auf einen Karren und zogen in Richtung des Dorfes Topes, dem Geburtsort des Toten, etwa zehn Kilometer von der Stadt entfernt. Ein Wettlauf zwischen uns und den Maultieren! Die Leute, die den Leichenzug begleiteten, saßen abwechselnd auf ihren Karren oder gingen zu Fuß.

Eine richtige Freude war es für uns, auf den Karren zu sitzen. Eine Freude waren das Ächzen der Räder auf dem Asphalt und das Knarren des Holzes. Die Erhabenheit des Todes tat dem Vergnügen keinen Abbruch. Am Wegrand rissen wir Artischocken aus, um die süßen Wurzeln zu essen, oder wir zerstörten Spinnenschlupflöcher im Sand. Es waren nicht sehr tiefe, gut sichtbare Löcher, die im offenen Feld wie kleine Vulkane hervortraten. Die Spinnen waren langsam und merkwürdig. Wir setzten sie auf eine Handvoll Sand in unseren Händen. Sie drehten sich ein wenig um die eigene Achse, verschoben den Sand so lange, bis sie sich unter einer ganz feinen Schicht verstecken konnten. Es reichte ein Tropfen Wasser, damit sie ihre Schlupfwinkel verließen. Wenn wir kein Wasser finden konnten, spuckten wir. Für sie machte es keinen Unterschied, Wasser oder Speichel.

Ach, Asso, das war also Topes? Wir bogen von der geteerten Straße auf Trampelpfade ab, die die Spuren von Karrenrädern und Schafhufen trugen. Am Nachmittag fanden wir uns vor den uralten, farblosen Schatten von Häusern, aus denen niemand herauskam, um den Leichenzug zu sehen. Aber was geht uns Topes an? Einzig die Hähne reckten neugierig ihre Hälse, um gleich ihre ewige Suche nach Körnern wieder aufzunehmen.

Der Zug ging am Dorf vorbei zum Friedhof, der nur aus schon fast abgetragenen, länglichen Erdhaufen bestand. Keine Grabsteine, keine Täfelchen aus gebrannten Ziegeln oder Keramik. Nur diese Erdbuckel, mit denen der Wind seinen Spaß trieb. Die Erde platzte vor Lachen und zog sich zurück. Bald würde sich der blinde Abgrund unter den morschen Grundmauern von Topes öffnen. Die Toten sitzen dort seit Jahrtausenden um einen Topf herum, der auf einem schwachen Feuer kocht. In ihren Händen halten sie Zinkteller und Brotfladen aus Hafermehl. Neben ihren langen Schatten kauern Maultiere, von denen nur leuchtende Skelette übriggeblieben sind. Sie knabbern an den Kopftüchern der Götter und den Säumen ihrer Umhänge.

Das Grab war geöffnet. Einige waren uns vorangegangen und hatten die letzte Ruhestätte vorbereitet. Ehrerbietig ließen sie die in ihr Tuch gehüllte Leiche hinuntergleiten. «Macht doch Platz, um Gottes willen.» Neugierige Köpfe drängten sich über Schultern, Füße trampelten die feuchte Erde am Rand des Grabes glatt und stolperten über Knochen. Es war klar, daß man an der Stelle eines alten Grabes geschaufelt hatte, doch gab man sich nach der Anstrengung nicht mehr viel Mühe, die Ruhe jenes Toten nicht zu stören. Mit der Erde, die man herausschaufelte, verstreute man seine Knochen rund um das Loch.

«Macht Platz für diesen trefflichen Sohn eines trefflichen Vaters! Gott sei euch barmherzig.»

Und wir hielten den Schädel des zerschlagenen, namenlosen Wesens in den Händen. Er hatte die eine Zahnreihe verloren. Und als sie das Grab wieder zuschaufeln wollten und den Schädel sahen, schrien sie: «Gebt ihn her! Bringt alle Knochen, die ihr findet, daß wir sie begraben!» Wir bückten uns und suchten fieberhaft, bis wir einen beträchtlichen Haufen zusammengetragen hatten. Die Knochen des Toten warfen wir mit Hühner-, Schafs- und anderen Tierknochen zusammen, die die Hunde zum Friedhof geschleppt hatten. Niemand achtete darauf. Alle wurden ins Grab geworfen und bestattet.

«Gott gewähre euch seine Gnade!»

Dann setzten sich die Trauergäste in einem großen Kreis um das Grab. Es begannen die Klagen und Tränen. Nach einer Stunde öffneten Assos Onkel eine Büchse mit Halawa, die sie auf geröstete Brotfladen strichen und unter die Anwesenden verteilten.

«Eßt zum Wohl seiner Seele!»

Alle aßen, auch diejenigen, die am meisten um den Großvater trauerten.

«Zum Wohl seiner Seele! Zum Wohl der Seele dieses trefflichen Sohnes eines trefflichen Vaters! Eßt, damit er die ewige Ruhe findet!»

Die Abenddämmerung zog die kalten Schatten aus ihrem irdischen Futteral und teilte Ödnis über der Ebene aus. Wir saßen auf den Karren oder rannten hinter ihnen her. Und wir kehrten in die Stadt zurück, während zwei Söhne des Großvaters am Grab sitzenblieben, um ihm Gesellschaft zu leisten. So verlangte es die Sitte. Das Grab war ein trostloser Ort, und ein paar Lebende mußten den Toten in den ersten Stunden nach seiner Beerdigung unterstützen, wenn die Todesengel Munkir und Nakîr mit zwei Hämmern und einer Menge Fragen kamen. Jedesmal, wenn der Tote eine falsche Antwort gab, stießen sie ihn mit einem Schlag hundert Ellen in die Tiefe, oder sie machten das Grab eng, so daß seine Seele tausendmal erstickte. Wenn er richtig antwortete, gaben sie ihm ein wenig von der Paradiesspeise und machten ihm das Grab, in dem er bis zum Jüngsten Gericht ruhte, weit und bequem. Die Anwesenheit der Lebenden am Grab half dem Toten, während der Prüfung die Nerven zu behalten.

Der Norden war eine Prüfung. Der große Horizont des Verdrusses gab in dieser Prüfung den Ton an. Er nahm alles, ließ dir nur Tapferkeit und Leichtsinn. Im schlechtesten Fall machte er dich zum Verwalter eines unsichtbaren Besitzes oder zum Bewacher der Luft. Der Sohn von Hadschi Kewer war der Verwalter des Lachens auf der Erde. Er unterbrach diese Tätigkeit auch während unserer Rückkehr vom Begräbnis des Großvaters nicht. Natürlich hatte er sich auch früher nicht dabei stören lassen. Sie schimpften ihn aus, und er lachte. Sie schlugen ihn, und er lachte. Sie verletzten ihn am Kopf oder brachen ihm das Bein, und er lachte. Er war keineswegs ein Idiot, doch wer ihn zum erstenmal sah, zweifelte nicht an seiner geistigen Beschränktheit: Ein breites Grinsen in einem breiten Gesicht mit zwei Augen, die nichts ruhig anblickten, sondern immer in Bewegung waren wie das Pendel einer Uhr.

Sein Name war Amîn, und wir nannten ihn Ibn Hadschi Kewer, Sohn des Hadschi Kieselstein, denn sein Vater verfehlte beim Steinewerfen nie sein Ziel. Er bewarf die Hühner der Nachbarn mit Steinen, wenn sie sich seinem Zwiebel- und Kressebeet näherten. Und die Hühner stürzten zu Boden. Sein Beet war nicht größer als fünf Quadratmeter. Ewige Feindschaft zwischen ihm und den Hühnern, die die Feindschaft zwischen ihm und den Nachbarn nach sich zog! Streit auf Streit. Und der Hadschi irrte in seinem gestreiften Sommerumhang herum wie ein Hahn: «Du Hundetochter!» Er warf einen Stein. «Pißtochter!» Wieder ein Stein. So waren die Hühner gezwungen, das Beet nur noch von weitem zu beobachten und sich mit der Hoffnung zu begnügen, daß es eines Tages keine Steine mehr gäbe und der Kampf dann zum Stillstand käme.

Die letzten fünf Nächte des Ramadân verbrachten wir vom Sonnenuntergang bis zum Morgengrauen in der Moschee. Wir warteten auf das Ende des Fastens, die «Nacht des Schicksals», und hofften, daß sich die leeren Schränke zu Hause inzwischen mit Fett und Gold gefüllt hätten. Später wurden wir älter und glaubten nicht mehr ganz daran, denn noch niemand hatte uns berichtet, daß am Morgen nach der «Nacht des Schicksals» sein Haus von etwas anderem als von Linsenhülsen oder Lehm bedeckt gewesen wäre. Doch die Moschee wurde zu einem heimlichen Ort des Zeitvertreibes, wo wir uns, da es uns von unseren Vätern an gewöhnlichen Tagen des Jahres verboten worden war, zu nächtlicher Stunde versammelten, wie es das Gesetz vorschrieb. Wir wußten, wie die Erwachsenen sich verhalten würden und wann sie für uns das Feld räumten. In der ersten Hälfte der Nacht waren sie voller Demut, und wir spielten die Demütigen wie sie. Dann gähnten sie und verschwanden einer nach dem andern. Wir aber blieben zurück.

Wenn sie die Moschee verlassen hatten, drängten sich unsere Teufel vor. Wir stiegen auf die Kanzel und spielten den Imam. Ibn Hadschi Kewer äffte Kâssimo beim Gebetsruf nach. Seine schrille Stimme schmetterte: «Es lebe ...» Und bevor er weitermachen konnte, übermannte ihn das Kichern, und er sang wie Umm Kulsûm: «Ha ha ... meine geliebte Heimat.» So wurde der Gebetsruf zu einem Lied. Amîn brachte nichts zu Ende. Alle zwei Sekunden Gekicher. Gekicher, das die hohen Betonwände wiederholten, bevor es auf Matten und Teppiche niederfiel und gegen die in Reihen aufgestellten Schuhe vor dem Tor prallte.

Wir fragten uns: Wer war der erste Mensch, der nach der Entstehung der Welt lachte? Welcher Spaßvogel in jener trostlosen Zeit entblößte seine Zähne, hob die Lippen und ließ das Gekicher aus seiner Kehle steigen? Wir werden wohl ständig nach dem Ursprung der Dinge fragen, mein Gott! Wir wiederholten: Welcher Hurensohn kam als erster auf die Zwiebel, zum Beispiel? Und welcher Grillensohn hat den Tabak erfunden? Wer hat zuerst die Birnen probiert? Und wen haben die Tränen zum erstenmal schluchzen lassen?

Warum spekulierten wir über die Ursprünge, mein Gott? Es wäre nur recht, daß jene, welche die Wurzeln der Fragen kennen, sie auch aufschreiben. Mein Gott, du hättest dem ersten Hurensohn, der lachte, als er sich auf der Erde wiederfand, eingeben sollen, daß er auf einem Papier oder auf einem Stein diese Gefühlsregung erklärt – war das Lachen Ausdruck von Fröhlichkeit oder Ausdruck der komischen Natur seiner Seele? Was war der Anlaß für sein Lachen? Den ersten Menschen hättest du eingeben sollen, den Grund für das Tanzen, für den Schrecken, für die Sorge der Väter um die Söhne, für den Besitz und für den Glauben an dich festzuhalten. Wir leben noch in der Nähe der Zeit, in der das Wesen der Dinge wie ein dunkler Brunnen in der Finsternis hervorsprudelt und wir alles erahnen können. Wir betreiben nur Wahrsagerei. Wir raten und wägen die Dinge mit ihren vielen Gesichtern ab, bis wir nichts mehr unterscheiden können. Und was ist mit jenen, die erst in weit entfernter Zukunft leben werden, in Epochen, die man sich nicht vorstellen kann? Sie werden Wahrsagerei betreiben. Sie werden noch unsicherer und noch mehr auf Wahrsagerei und Raterei angewiesen sein als wir. Wer aber weniger sicher ist, vergnügt sich damit, Sicherheit zu erfinden. Wir wissen im voraus, daß ihr Wahnsinn den unseren übertreffen wird. Sie werden nicht bei den Knochen von Assos Großvater und den eingefallenen Mauern von Topes haltmachen. Sie werden nicht versuchen, etwas über uns zu erfahren. Wir sind ein vernachlässigtes Bindeglied, auf das niemand achtet, in einer voll und ganz vernachlässigten Geschichte. Doch sie werden lange beim Lachen von Ibn Hadschi Kewer verweilen und werden dadurch die Strukturen erkennen, die Geometrie, die Mond- und die Sonnenfinsternis, die sinnlose Schrift und den Zufall, der den ganzen Norden erschaffen hat. Ein Lachen öffnet die Geschichte sperrangelweit für die Maschinen der hündischen Zukunft, erlaubt es jenen Wesen, sich an der Tür zu versammeln und einen Blick auf unsere leuchtenden Maultiere zu werfen.

Amîn … Amîno …! Ibn Hadschi Kewer, hör auf zu lachen, damit du Mêro und seine Böcke nicht aufweckst, damit du die Regierung nicht aufweckst und die Beamten des Vermessungsamts! Doch es ist hoffnungslos. Das Lachen ist Amîns Dünger, Elixier seiner Körperzellen. Niemand langweilt sich so sehr wie er. Am Tag der Hochzeit sagten wir ihm: «Drêsch wird für deine Schwester und für dich einen Hut machen.» Und er lachte nur noch mehr.

Es war die Hochzeit von Hadschi Kewers Tochter, Amîns Schwester. Sie war noch ein Mädchen, keine sechzehn Jahre alt. Drêsch, ihr Verlobter, war um die fünfzig und hatte eine Frau und sechs Kinder. Amîns Schwester, seine zweite Ehefrau, hatte ihn eine stattliche Mitgift gekostet.

«Er wird dir einen Hut machen, Amîn», sagten wir und umkreisten ihn. (Der Hut, den dieser Ausdruck meinte, war das Jungfernhäutchen der Braut.)

Amîn lachte. Seine Schwester hingegen zeigte sich schamhaft und traurig, wie man sie erzogen hatte. So stand sie im Kreis der Frauen. Von den Liedern der Sängerinnen verstand man nur die Hälfte. Wichtig war es, Lärm zu machen; die Bedeutung der Worte war unwichtig.

In der Nähe der Sängergruppe irrte Drêschs erste Frau wie ein Sperber umher. Sie stürzte sich auf die Hochzeitsgäste, und wie Vogelschwärme flogen die Frauenkopftücher auseinander. Dann rückte man sie wieder zurecht. Nach einer kurzen Erholungsphase griff sie erneut an, und wieder flatterten die Tücher, und Glasperlenketten zerrissen. Und als sie genug hatte, schrie sie: «Hadschi Kewer, steck dein Bein in deine Tochter, das ist besser als Drêschs Schwanz. Hadschi Kewer, *ich* werde deine Tochter zerbrechen, nicht Drêsch.» Hadschi Kewer wandte seinen Blick ab und bellte: «Bringt die Tollwütige weg! Ich bitte euch, um Gottes willen!»

In dieser Nacht und im Zimmer der ersten Frau ging Drêsch zu seiner Braut. Er besaß nur dieses eine Haus mit den zwei Zimmern. Von nun an mußte seine Familie im zweiten Zimmer schlafen. Doch die erste Frau blieb im Hof und polterte von Zeit zu Zeit gegen das leuchtende Fenster: «Du Schlappschwanz, wie willst du sie entjungfern? Nimm den Besen mit, Versager!»

Drêsch blieb nicht lange drinnen. Zitternd kam er heraus: «Sie blutet wie ein Opfertier.»

Ein paar Frauen eilten zu ihr: «Um Gottes willen, holt einen Wagen!»

Ein Auto kam und brachte die Braut ins Krankenhaus.

«Er hat sie zerrissen», flüsterten die Frauen mit leiser Lust. «Drêsch ist ein Pferd, Sohn eines Pferdes.»

Nach dieser Nacht behielt Drêsch seine Braut nicht mehr lange. Nur sechs Monate, dann kehrte Amîns

Schwester in ihr Vaterhaus zurück. Nur Gott kennt das Geheimnis. Amîn hingegen lachte.

«Sie haben deinen großen Bruder ins Gefängnis geworfen.»

Er lachte.

«Dein Bruder hat in der Nacht eure Nachbarin angegriffen, die Beduinenfrau mit den Tätowierungen.»

Er lachte.

«Er war schon lange ihr Liebhaber, warum hat sie ausgerechnet in dieser Nacht geschrien?»

Er lachte.

«Dein Bruder ist ein Schönling. Außerdem grüßt er niemanden, als ob er von einer andern Welt wäre. Dein Bruder ist eingebildet, immer trägt er seine Tasche bei sich. Dein Bruder hat tausend Pfund aus der Kasse seines Chefs genommen. Er kommt schon zum zweitenmal ins Gefängnis.»

Er lachte.

«Dein Bruder ... dein Bruder!»

Amîn lachte. Ach, ihr Götter, sollen doch die Steine Hadschi Kewers Beet bewachen!

Wir erlebten weder den Untergang noch den Aufstieg einer Regierung, sondern den Einfall der Beduinen ins Kino Scheherazade. Aus allen Himmelsrichtungen drangen sie in die Stadt ein. Beduinen zu Fuß, Beduinen auf Maultierkarren, Beduinen auf Eseln und Beduinen auf großen Lastwagen. Wenn sie den Staub aus ihren Kleidern schüttelten, entstand eine gelbe Wolke, die die Straßen der Stadt zwei Tage lang einhüllte. Die meisten von ihnen waren barfuß, die andern trugen Plastiksandalen, die sie mit Hanfschnüren an die Beine banden. Sie überfluteten die Stadt in Wellen. Sie hockten oder sie lagen auf den Bürgersteigen. Zu fünft oder mehr teilten sie sich eine mit der Hand aufgebrochene Wassermelone. Alsbald floß ihnen der rote Saft über Bart und Brust. Nach dem Essen wischten sie sich den Mund mit den Ärmeln ihrer Gallabija ab, rülpsten und legten sich auf den Rücken.

Im Sommer, wenn der Himmel wie die Zitzen einer säugenden Hündin herunterhängt und die Schatten kochen, öffnete das Sommerkino seine Tore. Das Scheherazade hatte lange, immer feuchte Holzsitze, weil man am Nachmittag Wasser spritzte, um die Glut des Betonbodens zu mildern. Wir konnten die Vorstellungen von einem im Norden der Stadt gelegenen Hügel aus sehen. Auch die Beduinen bestiegen zwischen zwei Vorführungen diesen Hügel und warteten, bis sie an der Reihe waren, den Film *Antara Ibn Schaddâd** zu sehen, der

* Einer der populärsten arabischen Dichter der vorislamischen Zeit, Sohn einer Negersklavin und eines Freien. Von ihm selbst

den ganzen Sommer über und ein paar Tage im Herbst gezeigt wurde.

Die Beduinen waren überall. Am zahlreichsten jedoch waren sie auf der Straße, die zum Kino führte. Sie kamen am Morgen und warteten bis zum Abend, wenn das Freiluftkino die ersten Besucher empfing. Nach dem Film schliefen sie auf den Bürgersteigen ein, um am nächsten Morgen in ihre weit entfernten Dörfer zu ziehen. Wir wußten nicht, wer sie auf diesen Film gebracht hatte, aber sie kamen. Einige hatten ihn schon zehnmal gesehen. Sie waren begeistert von Antara. Man konnte die Schreie ihres Entzückens bis an den Stadtrand hören. «He! He! Paß auf, Antara! He! He! Paß auf, Ebla!» Sie holten ihre unter den Umhängen verborgenen Dolche hervor, als wollten sie ihrem verfolgten schwarzen Idol bei dem Krieg, den es führte, zur Seite stehen. Und immer erwarteten sie echte Kriege, wenn sie aus dem Kino kamen und die kleinen Gauner sich an ihnen schadlos hielten. Von Zeit zu Zeit hörte man das Wehklagen: «Ach, man hat mich bestohlen!» Und ein paar von ihnen verfolgten einen Burschen, der alsbald im Gewirr des Gemüsemarktes verschwand. Aber die Gauner legten diesen Einfaltspinseln schlimme Schlingen. Für das Glücksspiel benutzten sie kleine Hüte, Kreisel und Spielkarten, oder sie schrieben auf ein Blatt Papier Namen, auf die man wie beim Roulette Geldsummen setzen konnte. Sie brachten ihre Partner mit. Vor den Augen der Beduinen spielten sie gegeneinander, und es schien einfach, zu gewinnen. Wenn die Beduinen dann angebissen hatten, war es zu

blieben nur wenige Verse erhalten. Er wurde aber zum Helden eines orientalisch-mittelalterlichen Ritterepos. Der Antararoman entstand vermutlich gegen Ende des 8. Jahrhunderts und erzählt die Heldentaten Antaras, die er bis zur Hochzeit mit seiner Geliebten Ebla vollbringen muß.

spät. Sie stöhnten und wehklagten, während die Hütchenspieler sich davonschlichen, um nach neuen Opfern zu suchen.

Die Zeit der Beduinen war die Zeit der Schliche und Ränke. Die Kinder banden Messer an dünne Fäden, warfen sie den Beduinen in den Weg und versteckten sich. Wenn die Beduinen sich bückten, um das Messer zu packen, zogen die Kinder am Faden, und die Beduinen rannten hinterher. Die älteren Jungen führten sie zum Freudenhaus, wo die Huren und Zuhälter sie ausnahmen. Sie verlangten überzogene Preise. Manchmal zeigte eine Hure dem Beduinen für sein bares Geld bloß einen Oberschenkel oder ihre Brüste. Oder der Beduine begnügte sich mit ein paar mündlichen Tändeleien. Andere waren mit einem Kuß zufrieden. Alle aber kehrten vergnügt vom Freudenhaus zurück.

«Welch rote Lippen, welch knackige Hälse!»

Sie hatten recht. Ihre Frauen wuschen sich nämlich nie und waren dunkelhäutig. Die Schmutzschicht auf ihrem Körper war dicker als ihre Kleider.

«Dschudschu, ach, Dschudschu!» Sie sprachen die Namen aus, als hätten sie neue Planeten entdeckt. «Susika!»

Ach, Antara, der Abessinier!

Der Sommer ging zu Ende. Das Gedränge vor dem Kino erreichte seinen Höhepunkt. Aus den ersten Wolken tröpfelte es schon, aber die Beduinen verließen die Holzsitze nicht. Es regnete in Strömen, und die Beduinen setzten sich unter die Sitze. Das Kino schloß seine Tore, doch die Beduinen warteten immer noch auf die nächste Vorstellung.

Im nächsten Sommer eröffnete das Kino die Saison mit demselben Film, aber er betörte die Beduinen nicht mehr. Sie kamen heraus und riefen den andern zu:

«Antara ist alt geworden, Brüder. Er schreit nicht gut dieses Jahr.» Und dann verdrückten sie sich und kamen nicht wieder. So wechselte das Kino in der zweiten Woche den Film.

In der Stadt gab es zwei Sommerkinos. Das Scheherazade und das Garbîs. Letzteres mußte schließen, als rund herum Ziegelhäuser gebaut wurden. Denn man konnte jetzt die Vorstellung von den Dächern aus verfolgen. Die Bewohner vermieteten sie den Jungen zu einem Spottpreis, und das Kino blieb bis auf eine nicht erwähnenswerte Menge Personen leer. Echte Trauer befiel uns wegen des Garbîs mit dem Kiesboden und den nebeneinander stehenden Stühlen. Dort konnte man sich den Stuhl zurechtrücken, wie man wollte. Es war bequem, und man konnte Wassermelonenkerne knabbern, ohne daß jemand kam, der einen zurechtwies.

Jetzt waren keine Beduinen mehr in der Stadt. Keiner kam zurück. Und die Hütchenspieler köderten höchstens einen zufällig vorbeikommenden Reisenden. Weil sie in Not waren, fielen einige auf dem Goldmarkt in der Nähe des jüdischen Viertels ein. Doch sie wurden schnell entlarvt; nicht wegen eines klaren Beweises oder weil sie verpfiffen worden wären, sondern wegen des Geruchs, der an ihnen haftete. Die Polizisten ergriffen die Verdächtigen und brauchten nur an ihnen zu riechen – schon hatten sie ein Geständnis.

Der Geruch der Parfümläden im jüdischen Viertel war ohnegleichen: eine Mischung aus Henna, Gewürzen, Baldrianblüten, getrocknetem Mohn, feuchtem Kajal, Sägespänen, Sumach, Sandelholz, Myrrhe, Kaugummi, Süßholzwurzeln, Tamarinde, Amber, Waldgeißbart, parfümierten Kajalbehältern aus Wiedehopfknochen, rotem Dschiwîtpulver, mit dem man zur Paarungszeit die Bäuche der Böcke färbte, Lorbeerseife, Halabûn, Thymian,

Bimsstein, Traubenmelasse, Granatapfelschalen, Leder und anderen Dingen, die niemand kannte außer Gott und den Frauen. Hinzu kam der geheimnisvolle Duft der Angst, unserer Angst vor diesen festgefügten, feuchten Häusern, wo wir das ewige Stöhnen eines Kindes auf dem Nadelbett hörten, dessen Blut die Juden für ihr ungesäuertes Brot auffingen.

Ja, die Polizei erkannte am Geruch, wer vom jüdischen Viertel kam. Die Diebe sollen sich in acht nehmen! Lange soll dieser Geruch währen, der den Goldmarkt beschützt, wenn die Stadtwächter schlafen! Doch wir waren keine Diebe, nicht weil wir den Geruch fürchteten, sondern weil man uns sagte: «Nehmt euch vor dem Nadelbett in acht!» So beherrschte uns die Angst vor der Finsternis jenes Viertels und vor der Feuchtigkeit der dunklen Hauseingänge, die sich vor *uns* fürchteten.

Beruhigen wir uns ein wenig: Die jüdischen Mädchen flochten sich das Haar zu einem Zopf, der auf ihrem Rücken lang herunterhing. Beruhigen wir uns! Schön waren sie, zum Schäkern aufgelegt wie die Mädchen von Kaddûr Beg. Die Schönste von ihnen war die Tochter des Parfümhändlers Esra. Die Straße, an der sein Haus lag, wurde zum Wallfahrtsort für die Jungen, die ihre knospende Männlichkeit genossen. Natürlich klemmte in ihrem Mundwinkeln stets eine brennende Zigarette, als ob sie mit den Erwachsenen um die Wette rauchen wollten. Ach, Esras Tochter, wir verstanden deinen Hochmut erst viel später, verstanden, warum du uns Jungen mit den Geschenken zurückschicktest, die wir dir im Auftrag der älteren von uns brachten! Der eine schickte einen Brief, der zweite ein parfümiertes Taschentuch, der dritte einen Kajalbehälter. Wir verstanden all dies, als du mit Biro, Amschas Sohn, durchbranntest, als du dir den reifsten und männlichsten ausgesucht hattest und jene

Clowns in ihren lächerlichen Kleidern ratlos zurückließest. Unter lautem Knacken öffneten sich die Knospen ihrer Männlichkeit, ohne daß sich irgendein weibliches Wesen nach ihnen umsah.

Nun ja! Esras Tochter wird wenigstens in dieser Nicht-Stadt bleiben, während die anderen sehr weit wegzogen. Jeden Monat verschwand ein Mädchen oder, besser gesagt, eine ganze Familie. Auf eigene Faust oder in geheimer Übereinkunft mit den Schleppern überquerten sie die grüne Grenze in die Türkei. Ziel ihrer Reise war Palästina. Wir blieben zurück, trugen noch immer die Briefe der älteren von uns mit uns herum, waren fasziniert von derselben Straße, die beim Geflügelmarkt anfing, an der Synagoge vorbeiführte und beim Parfümmarkt endete. Wir waren fasziniert von dem Geruch, von der Geruchspolizei und von jenem Viertel, das östlich des jüdischen lag, wo schmale Mauern aus getrockneten Dungwürfeln die Häuser umgaben. Ja, wir waren von dieser Baukunst begeistert. Auch im Westviertel waren die Mauern aus Mist. Einen kreisförmigen Siebrahmen gebrauchte man als Form, goß den zähflüssigen Dung hinein und ließ das Ganze trocknen. Die so gewonnenen Zylinder dienten als Brennmaterial für die Heizöfen im Winter und für die Brotöfen zu jeder Jahreszeit. Die Würfelgeometrie aber, die jenes Viertel auszeichnete, erstaunte uns: «Der Dung ist schöner hier. Glückspilze, die mit ihren Würfeln!»

Die gewaltigste Mistmauer in dieser Nicht-Stadt besaß Jakûbo Masâro. Die Mauer umfing das Haus drei Meter hoch im Sommer und verschwand während der übrigen Jahreszeiten. Sie schafften sie voll und ganz ins Innere. Bis heute wissen wir nicht, wie Jakûbos Haus, das aus einem einzigen Raum bestand, all das aufnehmen konnte: die Mauer, ihn selbst, seine Frau, seinen Sohn und sein

Dreirad, das er nicht mit den Beinen, sondern mit den Händen antrieb. Jakûbo war behindert. Sein Unterkörper war fast völlig weggeschrumpft, und seine lallende Zunge brachte nur Gestammel hervor. Noch immer kam er seiner Arbeit nach. Er trug dabei einen roten Tarbusch mit Quaste und über einer Hose, die zum Rutschen mit einem dicken Stück Gummi verstärkt war, eine Jacke. Seine Frau trug ihn zu seinem Dreirad.

Er war nicht wie andere Bettler. Er brauchte bloß in den Märkten der Stadt herumzuziehen, um die Metallmünzen in Massen einzusammeln. Sein Kopf hing bis zur Brust, und seine Augen musterten die Passanten in tiefster Trägheit. Wenn er genug herumgefahren war, wälzte er sich von seinem Dreirad und rutschte auf seinem Gummihosenboden, bis er seinen Rücken an eine schattige Mauer lehnen konnte. Meistens begleitete ihn sein Sohn. Er stieß das Dreirad seines Vaters vor sich her und keuchte bei der geringsten Steigung. Wenn das Dreirad bergab von allein fuhr, konnte er sich etwas ausruhen. So sahen wir sie jeden Tag. Viele Leute behaupteten, daß Jakûbo unter dem Fußboden seines Hauses verriegelte Kisten voller Gold aufbewahrte. Doch noch mehr Mutmaßungen stellte man über seinen riesigen Penis an.

«Er wickelt ihn zweimal um seine Hüfte, zweimal!»

«Er hat seine erste Frau getötet. Er hat ihn unten hineingestoßen, und er ist oben herausgekommen.»

Man berichtete nicht nur einfach kühl davon, sondern fügte den Schaum seines Innersten oder eine leise Sehnsucht nach einer wilden Vergewaltigung hinzu. Wenn wir fragten: «Warum stirbt seine zweite Frau nicht?», antwortete man uns: «Sie hat einen Knoten in seinen Schwanz gemacht, so daß er nicht weiter in sie hineinkommt.» He, Jakûbo! Wir gingen an seinem freistehenden Haus im Norden der Stadt vorbei und riefen: «He,

Jakûbo Massâro! Häng deinen Schwanz an die Decke, Jakûbo!» Da kam seine Frau heraus und überschüttete uns mit Beschimpfungen. Wir wichen ein wenig zurück und schwangen unsere Bambusstöcke.

«Was ist länger, Frau Massâro, sein Schwanz oder unsere Stöcke?»

Da packte sie der Zorn: «Steckt die Stöcke in eure Mütter rein!»

Unsere Stöcke waren Kriegswaffen. Sie begleiteten uns in die nahen Felder, wo dornige Pflanzen wuchsen. Sie waren einen Meter hoch und hatten dünne Stengel. Wir schlugen auf ihre Köpfe, die auseinanderspritzten. Wir schlugen bis zur Erschöpfung und bis die Stöcke grün waren vom Saft der getöteten Pflanzen. Das war unser Vergnügen. Auf denselben Feldern, die unsere Kriege erlebten, frönten die Frauen und Töchter der Armen einem Vergnügen ganz anderer Art. Unter ihnen war natürlich auch Jakûbos Frau.

Sie folgten den Kühen Meter um Meter, hatten leere Blechbottiche oder Jutesäcke dabei und sammelten die Kuhfladen auf. Manchmal hatten sie es eilig, manchmal gingen sie ganz gemächlich und stießen zusammen, wenn sie sich im selben Augenblick über die Fladen bückten, die eben aus dem Darm einer Kuh gerutscht waren. Wenn sie das ganze Feld abgegrast hatten, warteten sie. Sie folgten den Tieren und hielten ihnen die Bottiche direkt unter den After. Es konnte eine Stunde vergehen, bis ihnen eine Kuh eine Handvoll dunklen Breis schenkte. Es endete nicht immer damit, daß sie lachend, wie sie gekommen waren, nach Hause zurückkehrten. Es kam vor, daß sie sich mit ihren kuhfladenverschmierten Fingern ineinander verkrallten. Die eine beschuldigte die andere der Unachtsamkeit, die nächste sprach von Diebstahl, wieder eine andere sagte, die

Nachbarin habe Kieselsteine in ihren Bottich geschmuggelt … und so weiter. Dann stieß die eine den Bottich der anderen um oder leerte deren Jutesack aus … und so weiter. Oder sie beschimpften sich auf dem Heimweg. Wer nicht näherkam, glaubte, daß sie sich höchst angeregt unterhielten.

Ein Vergnügen wie das der ersten Erdenbewohner! Ein Welpe beißt den andern, ein Küken pickt das andere unter der harten Schale der schweigenden Ewigkeit. Doch niemand achtete auf die Zeit, außer den Hähnen …

Beim ersten kalten Hahnenschrei erhob sich die Gattin von Scheichmûs, Sohn des Trommlers. Sie nahm ihren Bottich und machte sich auf. Doch sie ging nicht in Richtung Felder im Norden, um Kuhfladen zu sammeln, sondern glitt südwärts zum Gebiet des Dorfes Helko. Dort säumten schilfbewachsene Teiche den Fluß, und es gab Herden von Büffeln, die aus einem wilden Traum zu stammen schienen, angefüllt mit dem dumpfen Geräusch der Hufe und dem Klageruf des Muttertiers, das sein Junges sucht. Mit dem kalten Hahnenschrei folgte ihr ein Gespenst, das sich dort in den langen Erdfurchen verborgen hatte. Sie trafen sich auf einem Feld und verschwanden zusammen.

Wer glaubt, daß Scheichmûs eine Frau hatte? Er war ein Junge wie wir. Zu jener Zeit fand die Verlobung eines Jungen mit einem gleichaltrigen Mädchen sehr früh statt, doch geheiratet wurde erst nach der Pubertät. Scheichmûs jedoch war verheiratet und hatte auch schon eine Tochter … mein Gott! Wir alle wußten, wessen Tochter sie war, nur Scheichmûs nicht. Er schlief im Bett seiner Frau und dachte, das würde reichen, um ein Kind zu zeugen … mein Gott! «Zeig uns deinen Schwanz, Scheichmûs!» sagten wir zu ihm, und er hätte beinahe geweint.

«Wenn du ihn ins Ohr deiner Frau stecktest, würde sie nichts spüren.»

Wir redeten weiter, doch er zweifelte noch immer nicht an der Abstammung seiner Tochter.

Nun ja! In der Hochzeitsnacht betraten seine Eltern das Zimmer und sagten zu ihm: «Geh hinaus, bis wir dich wieder rufen! Die Braut braucht ein paar Anweisungen.» Scheichmûs ging hinaus und schloß die Tür hinter sich. Die Gäste fragten ihn: «Was ist mit dir los?» Er antwortete: «Sie haben mit der Braut etwas abzumachen und unterweisen sie.» Zur selben Zeit stopfte seine Mutter der Braut ein Taschentuch in den Mund und hielt sie an den Händen fest, während der Vater sie auszog und bis zu den Eingeweiden in sie eindrang. So rächten sich die Eltern am Vater der Braut, der ihnen Geld schuldete und als Bezahlung der Schuld nur seine Tochter geben konnte. Als sie fertig waren, riefen sie Scheichmûs und sagten: «Geh jetzt hinein!» Er betrat das dunkle Zimmer, tastete nach dem Bett und schlief an der Seite seiner Braut bis zum Morgen. Mit seiner Gallabija wälzte er sich in einer Blutlache hin und her.

Alle wußten es also, außer Scheichmûs. Und seine Frau rächte sich auf ihre Art. Eine Frau, die einmal geboren hat, kann es auch noch andere Male. Innerhalb der nächsten drei Jahre spielten zwei weitere Kinder in der Stille des Hauses. Und alle wußten, wessen Kinder sie waren, außer Scheichmûs. Diesmal hatte nicht sein Vater es gezeugt, sondern ein Gespenst, das der Frau in die Umgebung des Dorfes Helko folgte. Dort gab es außer den Büffeln keine Zeugen.

Also stand Scheichmûs' Frau mit dem kalten Hahnenschrei auf und ging mit ihrem Bottich fort. In der Nähe der Teiche, wo die Ähren ganz dicht standen, tauchte das Gespenst auf. Es hatte es eilig, es keuchte, es hob sie vom

Boden auf, als wäre sie ein Kind, und beugte sich kundig über sie. Die Frau umgab es mit einer Aureole von Schweißperlen und umfaßte es mit den Beinen wie der Späher den Aussichtsmast, wenn er die weiten Flächen im Traum des Meeres überblickt. Kaum hatten sie eine Entdeckung gemacht, suchten sie schon nach einer neuen. Ein Gespenst, eine Frau und lebendige Ähren, die den Schatz der beiden Körper bewachten. Die ersten Strahlen des Morgens verscheuchten das Gespenst, es kehrte zurück, woher es gekommen war, und versteckte sich in den Erdfurchen. Die Frau reihte sich ein in die Schar der anderen, die ihr zum Teich vorangegangen waren. Sie hatten ihre Kleider bis zur Hüfte hochgekrempelt und wateten durch das grüne Wasser, auf dessen Oberfläche leuchtende Kreise von Büffelfladen schwammen.

Welch schöner Teich! In den ersten Jahren, in denen unsere Jugend gärte, kamen wir hierher. Wir legten uns ins Gras auf dem Hügel und warfen verstohlene Blicke auf die Dungsammlerinnen. Die meisten von ihnen waren junge Mädchen. Ihre Schenkel leuchteten im Wasser wie das Gekicher des Genusses. Die sportlichen jungen Männer aber, die ihre Körper in den offenen Hemden zur Schau trugen, hatten die Sammlerinnen an diesem Ort bald zerstreut.

Der erste von ihnen kam zufällig, dann kamen zwei, dann immer mehr. Sie waren ungehobelt. Wer sportlich war, war hier zwangsläufig auch ungehobelt. Nicht aus gesundheitlichen Gründen trieben sie Sport. Aus Streitlust traten sie einem Klub bei. So waren sie. So war der Norden.

Am Anfang kamen sie dem Teich nicht nah, sondern schwammen zweihundert Meter entfernt im Fluß und spielten sich voreinander auf. Dann wurden sie hitziger und rangen zum Spaß miteinander. Doch nicht lange, dann wurden harte Faustschläge daraus, Fußtritte und Knochenbrüche. Sie dachten, sie würden die Aufmerksamkeit der Dungsammlerinnen auf sich ziehen, doch diese beachteten sie überhaupt nicht. So kamen sie näher. Sie nahmen Bälle mit, die sie in Richtung Teich warfen, und rannten dann, um sie wieder zu holen. Das erschreckte die jungen Frauen. Sie gingen anderswohin, oder sie änderten die Arbeitszeiten.

Die jungen Männer waren ungehobelt, und wir waren fasziniert von ihnen, angezogen von der Gewalt ihrer Muskeln. In jener Nicht-Stadt gab es zwei Klubs zur Aufzucht von Rowdies und Raufbolden: den Iskandar-Nisâna-Klub und den Halabî-Klub, geführt von Wora, der aus einer Zigeunerfamilie stammte. Die Feindschaft entstand, als beide Gruppen versuchten, das alleinige Recht über den schwulen Hanna an sich zu reißen. Hanna war etwa vierzig Jahre alt, ein Schuhputzer ganz besonderer Art. Kaum hatte er nämlich deinen Fuß auf seine Kiste gesetzt, bedrängte er dich unter seiner amerikanischen Mütze mit leisen Andeutungen: «Ist er groß, mein Großer?» Dieser Satz war Gegenstand des Spotts der kleineren Kinder, wenn sie an ihm vorbeigingen.

«Hanna, ist er groß?»

«Hanna, der hat einen großen, der da!»

Hanna wartete darauf, daß irgend jemand seine Hose aufknöpfte. Er war immer bereit, für wen auch immer seinen Hintern zu entblößen, um die nächste Ecke oder auf dem nächsten Feld. Als Gegenleistung bezahlte er kein Geld, sondern putzte Schuhe, zwei Monate lang gratis.

Ein paar Sportler aus dem Halabî-Klub hatten mit ihm eine Verabredung. Sie trafen ihn nahe der Mauer des städtischen Stadions, das im Süden an den syrischen Friedhof grenzte. Der Ort war ziemlich abgelegen und ohne Häuser. Zu den Treffen tauchten auch ein paar Sportler vom Iskandar-Nisâna-Verein auf. Und der Streit begann. Alle wollten zuerst drankommen. Hanna wollte sie davon überzeugen, daß er sie alle befriedigen konnte. Doch sie dachten nur an sich selbst. Ach, Hanna, du einziger Verlierer! Die harten Fäuste erhoben sich, die Zähne knirschten. Einige wurden zu Boden getrampelt, andere in die Luft gewirbelt. Hanna rannte hin und her und flehte: «Es reicht! Ich gehöre euch allen!» Sie trennten sich aber erst, als sie müde wurden und ihnen ihre Prellungen weh taten. «Ihr werdet noch euer blaues Wunder erleben», sagten sie zueinander. Zurück blieb der traurige Schuhputzer, der von der Welt nichts anderes wahrnahm als das männliche Geschlecht.

So leicht zu haben wie Hanna waren nur noch die Töchter Abu Samis, des Kanalreinigers. Gib ihnen ein halbes Pfund, ein viertel Pfund, einen Apfel oder ein Bonbon, und schon lassen sie dich in ihr Haus, sobald der Vater zu seinen Kanalrohren aufgebrochen ist und die Mutter in den Straßen Strohbesen verkauft.

Drei Töchter, die älteste dreizehn! Und obwohl wir noch so jung waren, war es für uns wirklich lustig. Einer konnte alle drei auf einmal haben. Er entkleidete sie und preßte sich bewegungslos an sie alle. Eine halbe Stunde. Eine ganze Stunde. Zwei Stunden. Unbegrenzte Möglichkeiten, solange die Dinge sich so verhielten. Doch als sie ein wenig älter wurden, verweigerten sie sich. Sollen die Kanalrohre sie mitnehmen, sollen die Strohbesen verbrennen!

«Wir werden es allen sagen, ihr Kloschüsseln!» riefen wir ihnen zu, doch sie achteten nicht auf unsere Drohung.

Wir lockten Ibn Pîre, den Geschicktesten unter den kleinen Dieben, in die Falle, indem wir ihm drohten, ihn zu verpfeifen, und ihm Hoffnungen auf einen Sack Glasmurmeln machten, wenn er uns zwei Hühner von Abu Sami stahl. Er tat es tatsächlich. Wir rupften sie hinter den Häusern und brachten sie zu Mrâdos Bäckerstube, wo wir sie auf einem Kuchenblech brieten und ein Festmahl veranstalteten.

Ach, Ibn Pîre! Jeden Monat mußte er für ein paar Tage ins Jugendgefängnis. Sein Vater schleppte Kornsäcke, und seine Mutter brachte ihre Zeit damit zu, für ihren Sohn Raubzüge zu planen und ihn in Schutz zu nehmen, wenn ihn jemand beschuldigte. Sie war widerlich und hatte immer einen Holzschuh zum Schlagen in der Hand. Ach, Ibn Pîre! Er stahl die Wasserkrüge für die rituellen Waschungen und die Schuhe der Betenden aus der Moschee. Er stahl die Eimer der Ziehbrunnen, die Hühner und Wassermelonen von den Karren. Er stahl Fahrräder, Felder, den Asphalt der Straßen, den Staub, die Luft. Er war blond; niemand wußte, woher er seinen Blondschopf hatte. Man munkelte, er hätte die Farbe von irgendeinem Passanten gestohlen. Er war nur selten bei uns. Er war betrübt, weil Gott ihm nicht hundert Hände gegeben hatte, und besorgt, weil er einsah, daß man nicht die ganze Welt auf einmal stehlen konnte. Doch wir flüchteten uns zu ihm, wenn nirgends eine Karte fürs Kino zu bekommen war oder wenn uns der Tabak ausging.

«Komm, Ibn Pîre!»

Und er kam. Wir waren hart zu ihm, und er war bei all seiner Kühnheit als Dieb ein feiger Mensch.

«Ibn Pîre, wir sind abgebrannt!»

Er jammerte: «Bei Gott, ich habe nichts!»

Wir wurden zornig: «Wir wollen kein Geld von dir, du

Schlitzohr. Wir wissen, daß dir deine Mutter den letzten Piaster abnimmt, um ihn in ihrer Pluderhose zu verstecken.»

Da verstand er, was wir meinten, und jammerte von neuem: «Bei Gott, ich klaue nicht mehr. Ich bereue es.»

Wir packten ihn am Kragen: «Wer hat den Krug der Familie Hadscho gestohlen? He? Gestern war der Krug auf einmal weg. Gestern verschwand auch die Glocke der Kuh von Hüsso Machallamî. He?»

Da vergoß Ibn Pîre viele bittere Tränen. Aber wir ließen nicht von ihm ab.

«Hör zu! Der Hinterhof der Esso-Garage ist voll leerer Benzinkanister...» Wir mußten den Satz nicht zu Ende sprechen. Ibn Pîre ging vor uns her, leicht und lächelnd. Und als wir in die Nähe der Bäume bei der Esso-Garage kamen, gaben wir vor, mit unseren Steinschleudern Spatzen zu jagen, während der blonde Dieb auf einen Baum kletterte und von dort auf die Mauer. Wir nahmen die Kanister einen nach dem andern in Empfang. Fünf genügten uns. Für ein halbes Pfund das Stück verkauften wir sie anderen Tankstellenbesitzern, manchmal bekamen wir sogar fünfundsiebzig Piaster. Das reichte vier von uns für die Kinokarte und zusätzlich eine Dose Mardschân-Tabak.

Weil wir so waren. Weil wir ein Teil waren vom Keuchen des ewigen Nordens und die Söhne von Vätern, deren Stirn sich unter den Hämmern der Regierungen zurückgezogen hatte und die nicht mehr darauf achteten, daß wir so waren. Weil wir auch wie unsere Väter waren, besiegt und gedemütigt und verbunden durch einen Zorn, der sich gegen niemanden richtete als gegen uns selbst und dieses Niemand, die Wolken, die Felder, die Ähren, die vor unseren Augen wuchsen und verschwanden... Weil wir so waren, behandelten uns die Beamten, die die Regierungen mit den Angelegenheiten des Nordens betraut hatten, von oben herab, verachteten uns die Bewohner der Städte, die in jene Nicht-Stadt strömten, um hin und wieder oder dauernd Geschäfte zu machen. Für sie war der Ort fruchtbar, nicht aber für uns. Sie schickten ihre Kinder in die Schulen. Diese Kinder wichen uns aus und spielten in eigenen Gruppen, saubere Kinder, die in ihren Hosentaschen weiße Taschentücher trugen, Kinder aus Gold. Der Direktor und die Lehrer liebten sie, ihre Mütter und ihre blühenden Schwestern. Die Lehrer schickten ihren Vätern Briefe, in denen sie ihre Söhne lobten, und dafür durften sie eintreten in die sauberen Häuser und das glitschige, lüsterne Lächeln dieser Familien genießen. Doch Mehdi Derbâs tanzte aus der Reihe. Er war der Sohn des Korporals, der für das Zivilgefängnis zuständig war. In seinen Adern floß kurdisches Blut, was die Familie zu vertuschen suchte, die arabisch mit dem Akzent der großen Städte sprach.

Mehdi war wie ein Sturzbach. Mehdi war unsere Marionette. Durch ihn rächten wir uns an allen sauberen Kindern. Und trotz der Grobheit unserer Freundschaft trennte er sich nie von uns. Wir liebten ihn, weil er war wie wir. Und wir haßten ihn, weil er der Sohn einer eleganten Frau war, die uns von der Tür her schräg ansah und ihn rief, wenn sie sah, daß er mit uns zusammen war. «Das sind Hinterwäldler. Komm ins Haus!»

Wir drehten uns um und schrien: «Wir haben ihn nicht gezwungen, mit uns zu kommen, verehrte Frau!»

Dann sahen wir Mehdi scharf an: «Geh schon, Muttersöhnchen!»

Wir wußten, wie sehr ihn das traf. Immer wieder versuchte er, unsere Gunst zu erlangen, indem er uns alles nachmachte, er, der zarte Sohn der Stadt. Er sprang über die höchsten Mauern, spielte wie wir Fußball mit einem Stein, nicht mit einem Ball aus Gummi oder aus Leder, und kehrte am Abend mit zerschlissenen Schuhen nach Hause zurück. Und seine Mutter schimpfte mit ihm.

Schließlich mußte er sich von uns trennen. Doch er tat es nicht freiwillig, sondern weil seine Mutter unsere Familien mit Schmähungen überhäufte.

Denn als diese elegante Dame, Ehefrau des Gefängniskorporals, es müde war, ihre Drohungen gegen uns Jungen zu richten, ging sie zu unseren Müttern und sagte: «Abu Mehdi, der Korporal, wird sich eurer Männer annehmen.»

Unsere Mütter erschraken und gingen zu unseren Vätern, die ihrerseits erschraken bei der bloßen Erwähnung des Korporals.

«Wollt ihr, daß wir ins Gefängnis kommen?»

Wir erschraken: «Nein!»

Sollen Mehdi und seine Mutter doch zum Teufel gehen! So beriefen wir Jungen eine Versammlung ein, weil wir unter der Vorstellung litten, daß unsere müden Väter ins Gefängnis kamen, wo die Polizei sie beschimpfte, worauf sie die Polizisten schlagen würden, so daß deren Mützen zu Boden fielen. Wir wußten, was es bedeutete, wenn eine Polizistenmütze zu Boden fiel: ein ganzes Jahr Gefängnis. «Nein!» sagten wir in unserer Versammlung. «Von heute an gibt es keinen Mehdi mehr!» Aber der Himmel war freundlich zu dem Verlierer Mehdi, denn bald wurde sein Vater in eine andere Stadt versetzt, und die ganze Familie zog um.

Unsere Trauer über Mehdi kam unserer Trauer über die Trennung von Dschafaro, dem Hinkebein, gleich, der einen kleinen Laden besaß. Mehdi hatte uns immer zu ihm geführt. Da kauften wir drei Janîdscha-Zigaretten für zehn

Piaster. Er starb ganz plötzlich. Die Stimme Kâssimos schallte aus dem Lautsprecher der Moschee: «Kommt zum Gebet für Dschafaro!» Und die Gläubigen kamen in Strömen. Er hatte sie verlassen, wie er uns verlassen hatte. Und sie vermißten ihn noch lange, ihn, der sitzend betete unter all den Stehenden und dabei sein steifes Bein wie eine Holzstange von sich streckte.

Dschafaro starb, starb ohne Geschichte. Niemand wird dich kennen, Dschafaro, du hast nichts, was einen neugierig machen könnte, dich kennenzulernen. Keine Nachkommen, keine Vorfahren. Eine ganz banale Existenz! Es gab keinen Vorfall in deinem Leben, der jemanden dazu veranlassen könnte zu rufen: «Dschafaro hat dies oder jenes geleistet.» Nein! Sogar dein Tod war kein Ereignis. Nach nur zehn Minuten Totengebet ging jeder wieder seiner Wege. Einer von Assos Onkeln legte den Leichnam auf den Karren, den ein faules Maultier zog. Und niemand folgte ihm, außer einem Totengräber, der aus Mitleid das Grab aushob.

Warum ist in deinem Fall kein Vorfall zu verzeichnen, der entweder Lobreden oder Beschimpfungen nach sich zog, Dschafaro? Warum hast du dich nicht gegen dein eintöniges Leben aufgelehnt? Du hättest einen Dreschplatz anzünden, ein kleines Mädchen, das bei dir Bonbons kaufte, vergewaltigen können. Du, als Junggeselle, hättest eine Eselin zur Frau nehmen, einen Stier zur Besamung kaufen können! Jetzt bist du tot. Die Tür deines Ladens blieb offen. Die Nachbarn waren ratlos: Sollten sie sie schließen oder lassen, wie sie war?

Dschafaro ist gestorben, tot, ihr Hunde, tot, tot, tot, tooooot!

Und morgen werden auch die andern sterben, einer nach dem andern oder alle zusammen. Der erste von ihnen wird Schawer, der Chaldäer, sein. Die Leiche wird vor den Pforten des Kinos stehen, mit einem Bauch, der sich aushöhlt bis zum Rücken.

Schawer, der Held der Lotterie! Er spielte um ein Paket Lucky Strike oder Kent. Doch niemals konnte es ihm jemand abknöpfen, denn die Gewinnzahl war nicht unter den Karten, die man ziehen konnte. Er hatte die Zahl einfach ausgewischt. Und wer konnte schon mit einer nicht vorhandenen Zahl gewinnen? Niemand gewann, und auch Schawer gewann von niemandem etwas.

Alle wußten, daß seine Karten gezinkt waren. Dennoch stand das Gespenst morgens und abends schwankend vor den Pforten des Kinos. Der Hals der Arakflasche leuchtete in der Gesäßtasche seiner Hose. «Kommt schon, Leute! Das Paket Lucky Strike für zehn Piaster! Los, kommt schon!» Und lallend erzählte er, daß er Offizier in der Armee Nuri Saids* gewesen sei... Los! Dann salutierten er vor den Polizisten, die nach Glücksspielern fahndeten. Er stützte seinen Ellbogen auf einen Verkaufskarren mit Mineralwasser ... Los! Und die herausgeputzten Polizisten lachten.

Schawer wird sterben. Ja, unbeachtet wird er sterben wie der Fötus, der in der Nähe unserer Schule in einem Graben lag. Ein Fötus mit gebrochenem Schädel. An seinem Bauch baumelte die Nabelschnur wie eine Schlange. Er war ganz nackt. Wer ihn weggeworfen hatte, hatte sich nicht einmal die Mühe gemacht, ihn in einen Papierbeutel zu stecken. Nackt, mit offenem Mund! Nackt und blau, als wäre er erfroren, nachdem man ihn weggeworfen hatte! Doch was kümmert es uns? Alle werden sie sterben. Die Schule wird sterben. Und unsere Geister werden kommen und sich in den Ruinen tummeln.

* Irakischer Premierminister in den vierziger Jahren.

Vor dem Tod aber werden wir unsere lebendigen Geister feiern. Ein Fest werden wir für sie veranstalten mitten in der Finsternis, ein Fest wie für den silbernen Heiligen Santo.

Plötzlich war Santo zu uns gestoßen, auf dem Bildschirm im Kino Haddâd. Er war der Held lausiger mexikanischer Filme, ein Kämpfer mit Maske und Umhang, der Vampire und Zombies jagte. Auch wir wollten Santo sein!

Wir stahlen Tücher und Mehlsäcke aus Mrâdos Backstube und bastelten Masken und Umhänge daraus. Zunächst war es nur Spaß, am Ende aber hatte jedes Viertel seine eigene Maske.

Ich habe damit angefangen. Im Haus meiner Schwester gab es eine Singer-Nähmaschine mit Pedal. Ich konnte sehr geschickt türkische Mützen, Badehosen aus Stoff, Sackleinen oder irgendeinem anderen Material nähen. Im Haus meiner Schwester stellte ich die erste Maske her. Als Umhang diente mir der Mantel meiner Mutter. In diesem Aufzug ging ich nachts aus und beobachtete die Leute auf dem brachliegenden Feld südlich der Häuser.

Ich überfiel ein Opfer nach dem andern. Eine Frau heulte auf, und ein Mann gab Fersengeld. Ein Kind schrie, ein Hund bellte. Hinter der Maske war ich der Zwilling der Finsternis, der Zwilling der Angst. Ich sagte mir: «Ich treibe sie in den Wahnsinn.» Und das glaubte ich. Ich lief über Felder, die weit weg waren und wo nachts niemand hinkam. Ich strich um freistehende Häuser und schrie durch die Fenster, und die Bewohner erschraken, ließen mich aber in Ruhe. «Ich bin die Angst!» dachte ich und glaubte es. Auch die Hunde griff ich an, denen wir uns sonst nicht zu nähern wagten. Ich schrie wie ein Schakal: «Huuuuuh!» Und die Leute sammelten sich in der Nacht und fragten voller Entsetzen:

«Wer ist da?» Ich erwiderte: «Huuuuh!» Schließlich verriet mich mein kleiner Bruder. Die Jungen stürzten sich auf mich, mit hellem Entzücken. Die Erwachsenen beschimpften mich ausgiebig und entfernten sich.

Am folgenden Tag hatte jeder Junge eine handgenähte Maske in der Tasche. Am dritten Tag besaß jedes Viertel sein eigenes Modell. Einige hatten Katzenohren, andere klebten Federn darauf, wieder andere benutzten zusammengenähte Lederriemen.

Masken ... Masken ... Masken. Sie änderten nichts an der großen Maske der Erde: dem Norden. Alle Masken kamen nicht an die wirkliche Maske Mêros heran. Dort stand er, an der unsichtbaren Grenze der Nicht-Stadt, inmitten seiner Böcke. Er wartete auf die alles umfassende Stille, um sie zu erschüttern. Doch woher sollen wir Stille bekommen, Mêro? Hätten wir nicht den Vergnügungspark zum Zerstören gefunden, dann hätten die Träger die Stadt zerstört. Arbeitslos waren sie, Mêro! Sie tranken Tee auf Pump in den Cafés am Markt. Sie versprachen, ihre Schulden zu begleichen, sobald der erste Lastwagen käme. Doch kein Lastwagen kam, Mêro! Die Regierung hatte die Lastwagen gefressen. Die Regierung hatte das Korn gefressen. Die Regierung hatte den Regen, die Winde und die Blitze gefressen. Die Regierung hatte die Sterne gefressen und die Schultern ihrer Offiziere damit bestückt. Die Regierung hatte die Regierung gefressen, Mêro ...! Und der Norden fraß unsere Schritte.

Fausi und ich aber aßen Wassermelonen. Ein Meer von Wassermelonenfeldern! Fausi, ich und zwei Fahrräder mit geplatzten Reifen!

Wir fuhren auf gemieteten Fahrrädern ins Dorf Herem Scheicho, um dort seine Verwandten zu besuchen. Inmitten der Wildnis, die sich mit den Schwertern der Mittagshitze gegürtet hatte, wurden die Fahrräder widerborstig. Die Reifen wurden weich und weicher, als wären sie aus Wachs. Wir mußten die Räder wohl oder übel schieben, mit stampfenden Schritten durch den Straßenstaub. Da hatte Fausi die Idee, die Räder in einer Rinne, die das Hochwasser gegraben hatte, zu verstecken. Wir wollten sie bei unserer Rückkehr wieder mitnehmen.

Was konnte uns in dieser Mittagshitze besser befriedigen als die roten Wassermelonen in ihren schnurgeraden Reihen? Wir hatten Durst, verließen den Weg und öffneten unsere Arme den lebendigen Pflanzen. Wir aßen die erste in der Glut erhitzte Melone. Die zweite tränkte unsere Eingeweide, doch unsere Augen blieben durstig. Wir brachen die dritte auf und benetzten uns mit ihrem Saft die Köpfe. Wir öffneten die vierte und bespritzten uns damit. Wir brachen die fünfte, sechste, siebente ... zwanzigste auf. Wir verspritzten das rote Fruchtfleisch, bis sich eine schlammige Pfütze aus Staub und Fruchtsaft gebildet hatte. Wir wälzten uns auf dem Boden, konnten nicht mehr unterscheiden zwischen unseren Gliedern und dem Staub. Wir waren zu zwei merkmalslosen Klumpen geworden, über deren klebrigem Haar blaue und schwarze Fliegen dröhnten, die aus den ausgetrockneten Ritzen der Erde gekrochen waren, als sie den süßen Duft rochen.

Unsere Kleider klebten am Körper. Als der Saft trocknete, raschelten sie wie Papier. Auch unsere Lippen und Wimpern waren klebrig. Welche Sehnsucht nach einem Becher voller Wasser! Welche Sehnsucht nach einem Eimer Wasser, den man über sich gießen konnte! Herem Scheicho aber zitterte wie eine graue Glasperle in weiter Ferne.

Als wir uns dem Dorf so weit genähert hatten, daß wir das Gerüst des Ziehbrunnens und den großen schwarzen

Eimer sehen konnten, rannten wir um die Wette. Beim Überholen stieß mich Fausi in einen Graben, der parallel zu unserem Weg verlief. Er war doppelt so tief, als es uns von oben erschienen war. Ich wollte mich nicht damit aufhalten hinauszuklettern. Ich rannte unten, Fausi oben weiter. Doch eine große Bresche zwang mich anzuhalten, eine Bresche wie eine Tür zu meiner Rechten. Ich rief Fausi. Doch er rannte weiter, weil er glaubte, ich wollte ihn übers Ohr hauen.

Ängstlich trat ich durch die Öffnung in einen hellen Raum, der von irgendwoher Licht bekam. Nach ein paar Schritten gelangte ich zu einer Art Amphitheater mit einem kleinen Platz voll Schafkot und Melonenschalen. Ich rief Fausi noch einmal, doch ich hörte nur das Echo meiner eigenen Stimme. Auf der gegenüberliegenden Seite des Platzes befand sich eine weitere Öffnung. Als ich den Platz überquerte, sah ich sie deutlicher – eine Tür, halb verdeckt von der Höhlenwand. Mein Gott! Je näher ich der Tür kam, desto weiter wurde die Landschaft. Große Flächen Sauerampfer, der sonst nur an Flußufern wuchs. Weite Steppen, begrenzt von einem violetten Horizont. Ich rief: «Fausi!» und brach ab, als ein riesiger Bock an der Tür vorbeiging. Sanft drehte er sich nach mir um und verschwand. Ich ging zwei Schritte und fand mich im Freien, an einem Ort, der ganz anders war als der Norden, ein Ort ohne Mittagshitze, mit ganz leichten Wolken, die das Licht dämpften. In einer Entfernung, die wie Entfernungen im Traum schlecht zu schätzen war, drängten sich seltsame Häuser aus Schilf und Unterholz.

Ich vergaß den Bock, der vor der Tür vorbeigegangen war, als nun überall ganze Herden von Böcken, groß wie Esel und Maultiere, weideten. Sie trugen türkisblaue Hörner. Doch wie verwirrt war ich erst, als in Schafwolle gehüllte Männer aus den Häusern traten! Männer ohne Augenbrauen. Das Blau der Augen entsprach dem Blau der Hörner der Böcke. Sie sahen alle gleich aus, als spiegelte sich ein ursprüngliches Bild in unzähligen Spiegeln.

Einer trat vor, ganz ruhig, als nähme er Rücksicht auf meinen verwirrten Zustand. Er setzte sich auf den Boden und bedeutete mir, mich auch zu setzen. Ich gehorchte. Er sah mir in die Augen, und ich sah ihm in die Augen.

Er fragte mich: «Bist du allein gekommen?»

Völlig durcheinander antwortete ich: «Fausi ... wir haben die beiden Fahrräder versteckt ... nach Herem Scheicho.»

Es war klar, daß er es nicht verstand. Ich redete wie ein Idiot mit den Händen, nicht mit der Zunge. Er ging darüber hinweg und murmelte: «Ihr wartet auf uns, nicht?»

Jetzt verstand *ich* es nicht. Aber ich antwortete auf eine Frage, die in mir aufstieg: «Fausi hat mich mit Wassermelonen beworfen... sieh her!» Ich zeigte auf meine Kleider und auf mein Gesicht.

Er runzelte die Stirn und wiederholte seine Frage: «Wartet ihr auf uns? Ihr schiebt es ziemlich lange hinaus.»

Dann wandte er sich zu den Männern hinter sich. Einer von ihnen trat vor. Der Mann, der mir gegenüber saß, sagte zu ihm: «Sag den Böcken, sie sollen ihre Fragen verschieben. Der Horizont ist sauer heute.»

Der andere nickte und ging. Der Mann mir gegenüber fuhr fort: «Auf der Ostseite dieser Steppe gab es eine Bresche.» Er zeigte mit der Hand nach Osten. «Dort, wo der Blitz in das Wasserbecken des Großen Hirten einschlägt.»

«Ich begreife nichts von dem, was du sagst, Herr.»

«Du wirst es schon noch verstehen. Eure Regierungen verstehen es. Eure kleinen Böcke verstehen es und auch eure Hähne.» Er ereiferte sich und fragte: «Warum krähen eure Hähne die ganze Zeit? Bei Gott, warum krähen sie? Schlaft ihr so lange, daß sie euch wecken müssen?»

«Ja, wir schlafen.»

«Nun ja, ihr habt noch genug Zeit, um uns die Mühe zu ersparen.»

«Ich verstehe dich nicht, Herr.»

«Macht nichts. Kennst du Blêro?»

«Ja, er ist verrückt, er bildet sich ein, er sei beauftragt, die Brücken zu bewachen.»

«Kennst du Abbasse Quso?»

«Ja, er ist verrückt, er bildet sich ein, die Straßen seien voller Getreidesäcke, und hievt sie mit seinem Haken hoch.»

«Kennst du Sêfe?»

«Ja, sie bildet sich ein, sie sei die Bewacherin der Bäche.»

«Kennst du Dawûd Kôt?»

«Ja, er ist verrückt. Er begleitet eine eingebildete Herde Schafe.»

«Kennst du den Sufi?»

Ich schrie: «Mein Onkel! Er ist mein Onkel. Er ist in den Brunnen gefallen und gestorben.»

Mein Gegenüber wandte sich nach hinten und sah die stehenden Männer an, einen nach dem andern, als ob er in einer zweifelhaften Sache ihren Rat einholte. Einer trat vor, bückte sich und flüsterte: «Ja, Mêro.»

Ich sprang auf: «Mêeeeeeeero!» Dann fiel ich in Ohnmacht.

Als ich aufwachte, lag ich auf dem Platz in der Höhle. Ich stand auf und versuchte, mich an das Geschehene zu erinnern. Ich suchte nach der Tür, die auf die Steppe hinausführte, fand sie aber nicht. Ich rief: «Mêro, wo ist die Tür?» Niemand antwortete. Ich ging zurück und glitt auf einer Melonenschale aus. Verstört rannte ich zu der Bresche im Graben und übersprang sie in zwei Sätzen. Zwei weitere Sätze, und ich war wieder auf der Straße.

Fausi war nackt vor dem Brunnen von Herem Scheicho. Er hatte seine Kleider gewaschen und sie an den Dornensträuchern aufgehängt. Jetzt goß er sich eimerweise kaltes Wasser über den Körper. Er rief mir unter den silbrigen Fäden, die über sein Gesicht liefen, zu: «Wo warst du? Mußtest du wegen der Melonen eine ganze Stunde lang pissen?»

Ich senkte den Kopf und sah ihn bedrückt an: «Alle sind sie bei Mêro, Fausi, und die Böcke können reden.»

Er musterte mich geringschätzig und brummte: «Komm!» Und er bespritzte mich ein wenig mit Wasser.

Als wir Fausis Verwandte besucht hatten und wieder an den Ort kamen, wo die Bresche war, hielt ich Abstand und drehte mich nicht um. Ich sagte zu Fausi: «Da, links! Siehst du etwas?»

«Den Graben.»

Ich stand still und fragte nochmals: «Siehst du eine Bresche?»

Fausi ging näher an den Graben heran und beugte sich hinunter: «Was für eine Bresche? Hier ist nichts.»

Ich ging auch näher heran, sah aber nichts. Ich schrie: «Mêeeero!»

Und das weite, offene Land lachte.

Zwischen Qamischli und Amûda lagen dreißig Kilometer und das ohrenbetäubende Geheul der Feuerwehrsirenen. Hin und her fuhren die Feuerwehrautos. Denn es war das Schicksal Amûdas, das keine kleine Ortschaft war, keinen einzigen Löschwagen zu besitzen. So mußte ihm unsere Nicht-Stadt stündlich mit einem roten, schrill pfeifenden Ungetüm zu Hilfe kommen, das Wasser aus seinen Rüsseln spie. Aber es war zwecklos! Die Hilfe kam wie alle Unternehmungen der Regierung zu spät. Und den Bewohnern von Amûda blieb nichts anderes übrig, als den Brand mit bloßen Händen, mit Erde oder mit Herzblut zu löschen.

Die Geschichte teilte sich nach diesem Brand wie die beiden Hälften einer Aprikose. Wenn jemand etwas erzählte, benutzte er die Zeitangabe «vor dem Brand» oder «nach dem Brand des Kinos». Subjekt des Satzes aber waren die Kinder.

Mit Stöcken hatten sie fünfhundert Kinder aus den Lehmschulen zusammengetrieben und ihnen gesagt: «Jeder von euch soll morgen ein Viertel Pfund mitbringen!» Die Bewohner von Amûda hatten nur wenig, sehr wenig Geld. Deshalb tauschten sie Hühner gegen Zucker, Eier gegen Tabak, Weizen gegen Gurken, Gerste gegen Tee, Lämmer gegen Mehl, Auge um Auge, Zahn um Zahn, doch die Welt war zuerst im Unrecht gewesen.

Jedenfalls kehrten die Kinder am folgenden Tag in ihre Schulen zurück und preßten Metallmünzen in ihren kleinen Fäusten. Sie wagten nicht, sie in ihre Hosentaschen zu stecken. Sie waren nämlich von den Steinen, die sie als Munition für ihre Schlachten benutzten, ganz durchlöchert. Schließlich wollten sie das Geld nicht verlieren. So wurden sie von den murrenden Lehrern in Reihen aufgestellt. Die Lehrer hatten das erste Jahr ihres Schuldienstes in dieser Ortschaft zu absolvieren, damit sie später in die Städte zurückkehren konnten, um dort die eleganten Kinder zu unterrichten.

Wie Hühner führte man die Kinder durch die Gassen. Die Eltern waren erfreut; mit mächtigem Stolz zeigten sie einander ihre Sprößlinge. Am Kino angekommen, zwängten sich die Kinder in das rechteckige, aus Lehmziegeln gebaute Haus, das nur eine einzige Tür hatte. Das Gebäude war fensterlos und machte einen abweisenden Eindruck. In beispiellosem Durcheinander hingen an allen Ecken und Enden elektrische Kabel herunter. Man saß auf Holzbänken und leeren Gemüsekisten. Fünfhundert Kinder waren zusammengekommen, um – sitzend oder stehend – einen Film zu sehen, der erzählte, wie die Araber die französischen Kolonialisten aus dem Land geworfen hatten. Es dauerte keine halbe Stunde bis zu jener fürchterlichen Explosion. Für den alten Stromgenerator waren zwei Vorführungen nacheinander zuviel. Die Splitter flogen, zwei Heizöltanks, die sich auf der Terrasse nahe dem Generator befanden, barsten. Das Gebäude brannte sofort lichterloh. Die Tür aber war für zwei Menschen auf einmal zu eng. Die Kinder drängten sich in Panik aneinander und blockierten den Fluchtweg. Sie entzündeten sich wie rote Pflaumen. Ihre Schädel zersprangen. Wer verbrannte, verbrannte; wer nicht verbrannte, den erstickte der Rauch; wen der Rauch nicht erstickte, dem versetzten die Kabel tödliche Stromstöße. Die Überlebenden erzählten es uns, aber wir glaubten ihnen nicht.

«Wenn die Kabel sie trafen, wurden sie so klein wie Wassermelonen.»

Sie hatten verbrannte Beine, Hände, Gesichter oder alles zusammen. Das Krankenhaus von Qamischli war vollgestopft mit zweihundert verletzten Kindern. Sie wimmerten unablässig und erbrachen Rauch. Die Überlebenden sagten auch, daß viele durch mutige Taten gerettet worden waren. Die Männer stürmten los, jeder stachelte den Wagemut des andern an. «Ich bin der Vater von dem und dem.» Und der andere antwortete mit dem Schrei eines Tollkühnen: «Ich bin der Vater von dem und dem.» Und sie hieben mit Fäusten, Füßen und Eisenstangen auf die Kinomauer ein, bis ein Teil davon einstürzte. Sie vermummten sich mit ihren Kopftüchern, stürmten hinein und trugen Kinder mit aufgerissenen Augen heraus. Die Geretteten erzählten weiter: «In dem Augenblick kam eine Abteilung der Polizei. Anstatt aber bei der Rettungsaktion mitzumachen, hinderten sie die Männer daran, in das brennende Kino zu gelangen. Sie zogen ihre derben Ledergürtel aus, schlugen damit auf die Köpfe ein und brüllten: ‹Weg da, ihr Esel!› Es war ein furchtbares Hin und Her: Die Leute stürzten sich in die Flammen, als sie ihre Kinder schreien hörten, und die Polizisten stürzten sich auf sie und trieben sie auseinander, bis Ibn Hamîd Agha kam, seinen Revolver schwang und einen Warnschuß abgab. ‹Entweder wir oder ihr!› sagte er zu den Polizisten und ohrfeigte den ersten von ihnen, der ihm in die Hände fiel, daß er taumelte. So drang Ibn Hamîd durch die Bresche, die die Männer geschlagen hatten. Er warf Kinder heraus und die anderen fingen sie auf. Ach, Ibn Hamîd! Einer von den Stützpfeilern aus Stahl brach über ihm zusammen.»

Es gab keine Familie in Amûda, die nicht eine Beerdigung auszurichten hatte oder an einer Beerdigung teilnahm. Und der alte Friedhof mußte wegen der vielen neuen Grabsteine erweitert werden.

Wir hatten Cousins mütterlicher- und väterlicherseits unter den Überlebenden. Wir besuchten sie im Krankenhaus und teilten die Bonbons, Früchte und Geschenke mit ihnen, die man nur bekam, wenn einem ein Unglück widerfuhr oder man krank war. Nieder mit unserer Kindheit und Jugend!

Nieder mit Hassan Massrûu, der mit seinem Lärm die Gänge des Krankenhauses in Schrecken versetzte. Er war stolz auf seine Geschenke und Gaben. Er hatte beschlossen, ein Held zu sein, und sei es einmal in seinem Leben. Hassan Massrûu besaß ein Drittel des Bodens der Nicht-Stadt und lief ständig mit seinem Tarbûsch und seinem Bambusstock die Grenzen seiner Grundstücke ab, um zu verhindern, daß die Leute ihre Häuser zu nah an sie heranbauten. Er fürchtete, sie könnten ein Stück von seinem Land abzwacken oder ihre Schafe auf seinem Gras weiden lassen. Hassan Massrûu war der geizigste Mann der Welt, der lauteste, der niederträchtigste und so wachsam wie die Spitzel des Geheimdienstes. Und jetzt brachte er unzählige Geschenke ins Krankenhaus und lachte dabei, daß die Quaste seines Tarbûschs zitterte. Mein Gott!

Was geht uns die plötzliche Großzügigkeit von Hassan Massrûu an? «Gott hat ihn zur Umkehr bewogen!» sagten die Erwachsenen. «Er wird alles frühere wieder gutmachen.»

«Ist das wirklich die Umkehr?» fragten wir uns.

Unsere Nachbarin, die Puffmutter, war nie geizig. Sie hieß Amîna, doch man nannte sie al-Hadscha*. Wohin hatte sie ihre Pilgerfahrt gemacht? Sie war eine Hadscha,

* Frau, die die Pilgerfahrt nach Mekka unternommen hat.

und damit genug. Eine hagere, dunkelhäutige, etwa sechzig Jahre alte Frau. Unsere Eltern hatten versucht, sie aus dem Viertel zu vertreiben. Doch Amîna hatte gute Beziehungen zur Polizei, und sie blieben erfolglos und konnten nichts anderes tun, als den Kontakt mit der Familie des Hadsch Hassan abzubrechen. Die Töchter und die Gattin des Hadsch erfüllten nämlich Tag und Nacht gegen beträchtliche Gaben von Nahrung und Kleidern die Wünsche der Puffmutter.

Es war etwas Außerordentliches, ein Auto zu sehen in diesem staubigen Viertel, dessen Hausdächer und Gassen die Hühner besetzt hielten. Doch die Puffmutter erfüllte es mit Lärm. Ein Auto holte sie am Morgen ab, ein Auto brachte sie nach Mitternacht wieder heim.

Die Puffmutter war eine echte Königin. Die Huren riefen sie «Mama» und bettelten um ihre Gunst. Auch die Einflußreichen buhlten um ihre Gunst. Nur sie allein konnte einem der Mädchen befehlen, außerhalb des Bordells mit einem Mann die Nacht zu verbringen, den sie auswählte. Sie konnte an der Tür des Befehlshabers der Militärkaserne klopfen, um sich über einen Soldaten zu beschweren, der die Regeln des Anstands verletzt hatte, oder für eine Hure bürgen, wenn sie das Bordell verlassen wollte, um zu heiraten.

Den Rang der Puffmutter erbten Frauen im vorgerückten Alter. Wenn eine Puffmutter starb, folgte die nächstälteste unter den Huren nach. Und auch wenn die Neue sich schlecht benahm, erwiesen ihr die andern Gehorsam. Das war Sitte im Bordell. Genauso ließen die Huren nichts auf die Ehre ihrer Hintern kommen und erlaubten keinen Geschlechtsverkehr von hinten. Sie prahlten: «Auch wenn man uns unser Gewicht in Gold geben würde, wir würden es nicht tun.» Das war das einzige, was ihnen an Menschlichkeit geblieben war.

Die Puffmutter Amîna, unsere Nachbarin, besaß dreißig Katzen und einen Hund. Wenn sie nicht da war, fütterten die Töchter Hadsch Hassans die Tiere. Verwöhnte Katzen, ein noch verwöhnterer Hund! Sie bekamen das beste Fleisch zu fressen, und was sie nicht verschlingen konnten, stahlen ihre Ammen, die Töchter des Hadschs.

Die Katzen verließen das Haus nicht und spürten im voraus, wann die Puffmutter nach Hause kam. Dann sprangen sie hoch und miauten laut. Der Hund aber streunte herum, wenn sich ihm die Gelegenheit bot. Doch auch für uns war es eine Gelegenheit. Wir schütteten verbrannten Mist über ihn, oder wir lockten ihn zu uns, um ihn zu bepinkeln. Nach Mitternacht hörten wir das Klagen der Puffmutter: «Was haben sie mit dir angestellt, Bubo, Bundschi? Was habt ihr mit ihm gemacht, ihr Rotzbengel?» Ihre zärtliche Stimme wurde nahezu unhörbar: «Mein Liebling, Bundschi, wie oft habe ich dir verboten, hinauszugehen? Das sind Dreckskerle, Menschenfresser, mein Liebling! Ich gäbe mein Augenlicht für dich ...»

Es verging geraume Zeit, bis auch Hadsch Hassans Töchter den Kontakt mit ihr abbrachen. Der Druck der Leute, die ihr Haus mieden, war zu groß geworden, und der Imam hatte ihren Vater geohrfeigt und gebrüllt: «Dein Bauch ist mit Höllenfeuer gefüllt. Du darfst die Moschee nicht mehr betreten!»

So blieb die Puffmutter allein mit dem Dröhnen der Automotoren, die die Schlafenden in der Nacht aufschreckten. Sogar die Hähne krähten, weil sie meinten, es sei Morgen. Dann hörte man nichts mehr, und die Puffmutter, bucklig wie ein knorriger Ast, rührte sich nicht mehr vom Fleck. Von Zeit zu Zeit besuchte sie eine Hure, die das Viertel mit dem Geruch ihres billigen Parfüms erfüllte. Wenn sie wieder ging, setzte sich die Puffmutter kraftlos auf einen kleinen Stuhl vor der Tür, ohne die Katzen daran hindern zu können, um sie herumzustreichen. Sie durchwühlten die Abfallhaufen, drangen immer weiter in die Gassen und Viertel vor und kamen nicht mehr zurück.

Einzig der Hund blieb Amîna treu. Er legte sich neben ihren Stuhl und schlief. Doch wir hatten ein Auge auf das kleine Ding mit dem weichen Pelz geworfen. Wir lockten ihn weg und trugen ihn in einem Sack zu der Walze der Gemeindeverwaltung, die die Straßen so flach machte wie das Papier in einem Heft. In einem Moment, in dem der Fahrer nicht auf uns achtete, warfen wir den Hund unter die riesige Metallwalze. Das Knacken der Knochen vermischte sich mit dem Knirschen der zerschmetterten Steine.

«Mein Augenlicht würde ich für dich geben!» Wir sagten den Satz, wenn wir an der Puffmutter vorbeigingen, die auf ihrem Stuhl zusammengesackt war wie eine Leiche. Sie sah uns an und antwortete nichts.

Verderben über uns! Werfen wir doch die Puffmutter auch unter die Walze! Weg mit ihr, weg mit der Kaserne, der Stadtverwaltung, dem Krankenhaus, in dem die Huren wöchentlich den Mikroskopen ihr Geschlecht zeigten! Weg mit dem Norden! Doch der Norden ist wie Quecksilber. Er zerspritzt in Kugeln und klebt dann wieder zusammen. Soll doch einer von uns den anderen in nutzloser Unerschrockenheit wegwerfen!

Ein Beispiel der täglichen Unerschrockenheit – ein Manöver des nördlichen Charakters, der sich selbst zu überlisten trachtet – waren die Gole-Kurden, die sich mit ihren Haken, Keulen und Taschenmessern auf Achmad, den Sohn des Metzgers, stürzten.

Das war des Metzgersohns Pech. Erst vor einer Woche hatte ein Mann des Geheimdienstes, ein Grobian wie alle Männer seiner Art, das Geschäft betreten. Es kam zum Streit; der Geheimdienstler zückte seinen Revolver und traf Achmad am Kopf, worauf dieser blutüberströmt niederfiel. Die Polizei kam und nahm den Sohn des Metzgers fest, und er verbrachte ohne jeden Grund eine Woche im Gefängnis. Am ersten Tag nach seiner Entlassung zankte er sich mit dem Sohn eines Gole-Kurden, und diesmal war es Achmad, der den Gegner mit dem Messer traf und ihm hinter dem Ohr ein wenig Haut wegkratzte. Kaum erfuhren die rauhen Männer davon, da hatten sie das Geschäft des Metzgers auch schon umzingelt. Sie griffen ihn an und versuchten, ihn herauszuzerren. Er aber hatte ein riesiges Schlachtermesser gepackt und fuchtelte damit vor ihren Gesichtern herum. So mußten sie ein wenig zurückweichen. Achmad nutzte die Chance. Er zog den Blechladen herunter und schloß sich ein. Vielleicht würde sich jemand einmischen, um ihm Beistand zu leisten.

So dachte der junge Mann, den von Zeit zu Zeit epileptische Anfälle befielen. Doch er hatte sich getäuscht. Niemand wollte sich mit einem zornentbrannten Gole-Kurden einlassen.

Die Frauen standen hinter den Männern und riefen: «Wagt es jemand, es mit uns aufzunehmen?» Murmelnd gaben die Männer zurück: «Der Teufel soll ihn holen!» Dann stießen sie mit ihren Körpern gegen die Tür, wie die Heuschrecken im Sommer in ihrem einfältigen Flug gegen die Fensterscheiben prallten. Einige hatten eine lange Stange. Sie drängten die andern zurück, stürmten los und prallten gegen das Blech, so daß das Geschäft in seinen Grundfesten erschüttert wurde. Wenn der Blechladen zu weit eingedrückt wurde, erschien unter der Tür eine blitzende Klinge, die die Füße der Angreifer abzumähen drohte.

Es war kein Kampf zwischen Männern, sondern zwischen der Verzweiflung diesseits und der Wut jenseits des Rolladens. Verzweiflung, vermischt mit dem Geruch von rohem Fleisch; Wut, unnachgiebig. Der junge Metzger übte seine Geschicklichkeit, indem er sich das Schlachtermesser gefügig machte. Es pfiff wie ein Wind über eine Ritze, durch die jemand seine Hände streckte. Die Männer waren eifrig damit beschäftigt, die Zeit abzuschätzen, die noch nötig war, bis das Blech nachgab. Wenn sie ihre Arbeit getan hatten, würden die Gegner sich von Angesicht zu Angesicht gegenüberstehen, und dann war nichts anderes mehr zu tun, als die Verzweiflung ganz werden zu lassen und die Wut vollkommen zu machen.

Als der Staub sich mit den Schlägen vermischte, kam der Onkel des Verwundeten, ein angesehener Gole-Kurde mit der Autorität eines Feudalherrn. Er stieß die Männer mit den Händen von der Tür weg und schrie: «Wollt ihr wegen einer leichten Verletzung ein Blutbad anrichten? Nieder mit euch!» Da ließen sie die Hände von den Haken, Messern und Holzknüppeln sinken, worauf Achmad sich ein wenig sicherer fühlte. Er zog den Blechladen hoch und starrte wie ein Krieger seine Feinde an, mit Schaum und Schweiß um den Mund und dem Schlachtermesser in der Hand.

Er wußte, daß ihn die Weisheit eines Mannes der Gegenseite gerettet hatte, nicht seine eigene Kraft. Aber als nun die mit Hauern und Krallen bewehrten Blicke sich auf sein Gesicht stürzten, senkte er den Kopf nicht. Er sah den Männern entgegen, die sich gezwungen sahen, sich der Weisheit zu beugen, und wutschnaubend im Kreis standen.

Auch wir schnaubten voller Wut, wir Jungen, die wir

die Tage der Sommerferien im Teich und am Ufer eines ausgetrockneten Flusses verbrachten. Wir stahlen rote Wassermelonen von den Karren, Kupferdrähte, leere Bottiche und Hanfsäcke. Manchmal auch Geld aus den Taschen unserer Väter. Wir wurden vernachlässigt. Groß war der Unterschied zwischen uns und den Hühnern, die verhätschelt wurden. Nieder mit den Hühnern!

In diesem Jahr verdiente ich zum erstenmal eigenes Geld und mußte es nicht stehlen. Mein Vater brachte mich zum Büro des Getreidehändlers. Er übergab mich wie ein Pfand und ging.

Der Getreidehändler war vormals Gerichtsschreiber gewesen. Er besaß eine Tankstelle, Melonen- und Weizenfelder, Autos und viele andere Dinge. Er war kleingewachsen und von nervösem Charakter. Er schrie so laut, daß man es gleichzeitig aus seiner Kehle und aus seinen Taschen hörte. Sobald mein Vater gegangen war, befahl er mir: «Hol ein Glas Wasser!» Ich rannte zum Kaffeehaus, das keine vier Meter entfernt war, und brachte ihm ein Glas Wasser. Er trank und starrte mich dabei an. Kurz darauf kam sein Chauffeur. Er gab mir ein Pfund. «Hol mir ein Kebab-Sandwich!» Ich rannte ins Restaurant und brachte das Essen. Dann kam ein Angestellter der Tankstelle.

«Arbeitest du hier?»

«Ja.»

«Hol die Wassermelonen im Landrover!»

Ich mußte dreimal laufen, um die Melonen ins Büro zu bringen. Dann rief mich der Sekretär.

«Hol eine Dose Tabak!»

Ich rannte und brachte die Tabakdose. Der kleine Sohn des Meisters kam herein und musterte mich.

«Bück dich! Ich will auf deinem Rücken reiten.»

Sein Vater tadelte ihn: «Er ist kein Esel.»

Da verstummte der Kleine. Doch er ließ nicht von mir ab und trat mir auf den Fuß, daß der Schmerz mir durch Mark und Bein ging. Dann kamen zwei Kunden herein.

Der Meister murmelte: «Bring Kaffee!»

Ich rannte zum Kaffeehaus, und der Kaffee kam.

Der Meister murmelte ein zweites Mal: «Ich geh' jetzt weg. Wenn ich wiederkomme, muß das Büro sauber sein.»

Der Meister ging hinaus, und der Besen trat sein Amt an. Er war länger als ich. Ich strengte mich sehr an, ihn zu benutzen. Der Sekretär leitete mich an: «So, dann so!» Ich befolgte die Anweisungen, bis ich mit dem Büro fertig war. Ich war kaum wieder zu Atem gekommen, als der Chauffeur des Meisters wieder hereinkam.

«Trag diese Sachen zum Haus des Meisters!»

Schwankend trug ich sie zwei Kilometer weit auf meinem Rücken.

Es war das erstemal, daß ich ein solches Haus betrat. Es gab dort Schaukeln für die Kinder, einen Kühlschrank, eine Waschmaschine und unzählige Zimmer. Es gab auch ein Dienstmädchen, das auf mich zueilte und mir die Last abnahm. Sie sah mich mit offensichtlicher Anteilnahme an. «Bist du neu?» Ich nickte. In diesem Augenblick kamen die zwei Töchter und der Sohn des Meisters. Sie musterten mich von oben bis unten und wechselten zufriedene Blicke.

Eines der beiden Mädchen sagte: «Gehst du zur Schule?»

«Ja.»

«Du kannst also lesen?»

«Ja.»

«Hol mir die Zeitschrift *Samîr* aus dem Buchladen!»

Sie gab mir ein halbes Pfund. Ich rannte zum Markt,

kaufte die Zeitschrift, brachte sie zum Haus des Meisters und ging von dort wieder ins Büro zurück.

«Wo warst du?» fragte der Meister.

«Ich habe für deine Töchter eine Zeitschrift gekauft.»

Er sah mich verächtlich an.

«Hol Kaffee!»

Ich rannte ins Kaffeehaus.

Ich schaffte das alles nur, wenn ich dauernd rannte. Ich war schnell, schnell wie das Auto des Meisters. Ich rannte bis zur Erschöpfung. Die Besucher waren zahlreich, die Forderungen noch zahlreicher. Alle kamen herein, und in ihrem Mund lag das Wort «Hol!» Ich sagte mir: «Nein! Ich werde irgendeinen Grund ersinnen, der meinen Rausschmiß rechtfertigt. Nein! Hier bleibe ich nicht!»

Eine Woche nach Arbeitsbeginn setzte ich meinen Entschluß, mich von der verhaßten Arbeit zu befreien, in die Tat um. Der kleine Sohn des Meisters kam herein und verpaßte mir wie gewöhnlich einen Fußtritt. Ich trat ihn ebenfalls. Er flog einen halben Meter über den Boden und stürzte. Dann stand er auf und beschwerte sich über mich bei seinem Vater, der sich damit begnügte, ihn zu beruhigen. Er entließ mich nicht. Es blieb mir nichts anderes übrig, als die Arbeit zu verweigern. Als der Chauffeur kam und mir befahl, eine Dose Tabak zu kaufen, sagte ich ihm: «Geh selbst!»

Der Chauffeur ging und beschwerte sich über mich beim Meister. Der Meister rief mich und brüllte: «Geh nach Hause! Wir wollen hier keinen, der den Chef spielt!»

Am folgenden Tag zerrte mich mein Vater zum Büro. Er flüsterte mit dem Meister, der ihn wegen seines früheren Ansehens hochschätzte. Am Ende erklärte er sich dazu bereit, mich zu behalten.

Wieder wurden Forderungen gestellt, aber mein Trost

war es nun, daß ich lernen durfte auf der Schreibmaschine zu schreiben. Der junge Sekretär war umgänglich, und er lehrte mich das Zehnfingersystem. Von Zeit zu Zeit fragte er mich nach den Mädchen unseres Viertels. Anfangs wußte ich nicht, was dahintersteckte, dann klärte er mich selbst auf. Vor kurzem hatte er die Tochter des Hadsch Hamsa geheiratet und wollte nun in Erfahrung bringen, was ich über den Lebenswandel des Mädchens wußte, dessen Vaterhaus nur zwei Straßen von unserem Haus entfernt war. Ich antwortete ihm, daß ich nicht viel von ihr wisse, daß ich sie nur oft gesehen hätte, wie sie mit ihrem Bottich zum Dungsammeln ging. Ich war sicher, daß nichts Schlimmes dabei war. Es war eine ganz normale Sache bei den armen Leuten. Der Sekretär aber zeigte sich überrascht.

«Ich habe sie in der Annahme geheiratet, daß sie das Haus ihres Vaters noch nie verlassen hatte. Ihr Vater ist ein Lügner. Für ein Mädchen, das Dung sammelt, zahlt man nicht eine so hohe Mitgift!»

Weder die Sache mit seiner Frau noch der Konflikt mit dem Brautvater bedeuteten mir etwas. Ich wollte lediglich die Sommermonate hinter mich bringen. Zum erstenmal in meinem Leben sehnte ich den Schulanfang herbei, um dem Büro des kleingewachsenen Meisters zu entkommen, bei dem ich mir am Ende jeder Woche meine fünf Pfund abholen wollte. Jedesmal schickte er mich weg und sagte: «Ich gebe sie dir später.» Und das Wort «später» erstreckte sich bis zum Ende des Sommers. Als ich wieder einmal meinen Lohn von ihm forderte, brüllte er: «Ich habe dich so freundlich bei mir aufgenommen, damit du dich im Sommer nicht auf den Straßen herumtreibst, deine Familie soll sich bei mir für diese gute Tat bedanken!»

Sprachlos vor Zorn kehrte ich nach Hause zurück und erzählte alles meinem Vater, der murmelte: «Ich werde es ihm zeigen!» Doch er hatte längst nicht mehr genug Macht, um den Meister zurechtzuweisen.

Die Zeit meines Vaters war vorbei. Vorbei war die Zeit, in der er hundert Träger mit ihren Haken um sich versammeln konnte. «Wem sollen wir Manieren beibringen, Herr Malla?» hatten sie gerufen. Jetzt saß er jeden Tag im Kaffeehaus und schlürfte dunklen Tee, als ob er auf den Trompetenstoß wartete, der die Dörfer aufwecken würde. «Zu deinen Diensten!» würden sie rufen. Die Ebenen würden wachgerüttelt, und die Ähren würden sich vor ihm verneigen. Deine Zeit ist vorbei, Vater! Und ein ehemaliger Gerichtsschreiber freute sich am Schweiß deines Sohnes ... Scham über dich! ...

Doch auch die Zeit des Meisters näherte sich ihrem Ende. Die Erde verschlang Jahr für Jahr das ausgestreute Korn. Die Dürre streckte ihren vernichtenden Schatten über die Ebenen aus. Und wie um meine Rachsucht zu kühlen, kletterte der ältere Sohn des Meisters in der Schule auf eine Mauer, fiel herunter und verletzte sich am Kopf. Der Meister zog mit ihm von Arzt zu Arzt, von Stadt zu Stadt. Schließlich mußte er sich davon überzeugen lassen, daß sein Sohn unter ewigen Kopfschmerzen und Krämpfen leiden würde. Doch das war noch nicht alles. Die Angestellten und Arbeiter des Meisters wurden von Schicksalsschlägen getroffen. Der Sekretär bekam Mumps, was ihn zeugungsunfähig machte. Der rote Ausschlag breitete sich auf seinem Gesicht aus und entstellte ihn völlig. Das Letzte, was wir von ihm erfuhren, war, daß er im Kulturzentrum von Qamischli Schreibmaschineschreiben unterrichtete, den Kopf mit einem weißen Tuch umwickelt. Der Chauffeur kam von einem Gefängnis ins nächste. Jedesmal, wenn er herauskam, trug er Kleider wie die Touristen aus den reichen arabischen Erdölländern. Er hatte einen riesigen schwarzen Koffer und war immer auf der Suche nach einem Dummen, mit dem er irgendeine Gaunerei vorhatte, die der Polizei nie verborgen blieb. Er aber machte weiter wie immer.

Der Pächter der Melonenfelder hatte eine gelähmte Hand. Trotzdem willigte er ein, die Tankstelle des Meisters zu übernehmen – anstelle des Geldes, das dieser ihm schuldete. Doch die Tankstelle lag weit weg, an der Grenze. Es kam kaum ein Auto pro Woche, und so mußte er sie schließen.

Da seine Lage immer schlimmer wurde, trieb der Meister seine Schwiegertochter dazu, als Prostituierte zu arbeiten. Ihr Ruf verbreitete sich, und sein eigener Ruf litt darunter. Sein Dienstmädchen wurde vom eigenen Ehemann verstoßen. Seine Getreideträger verkauften Kerosin. Sie zogen mit Maultierkarren durch die Straßen, ohne viel damit zu verdienen.

Geschieht dir recht, Meister! Geschieht dir recht! Nimm, was der Norden an Nichtigkeiten besitzt! Du warst Gerichtsschreiber, und wir waren Gerichtsschreiber auf unsere Art. Wir schmückten den großen Text der Welt aus, versiegelten ihn mit einem Hufeisen. Und wir sorgten dafür, daß weitere Katastrophen folgten.

Der junge Dîno kauerte vor der Tür seines Hauses; ein Dolch hatte ihn mitten ins Herz getroffen. Wir gingen zu ihm.

«Schreib einen Brief, Dîno! Schreib einen Brief! Wir werden ihn überbringen.»

Und Dîno schrieb: «Meine Geliebte, ich werde sterben. Dein Vater ist ein Maulesel, Sohn eines Maulesels.»

Wir brachten den Brief zu seiner Geliebten. Sie war Lehrerin in der Grundschule, Tochter eines berühmten kurdischen Dichters.

Sie antwortete: «Mein Geliebter, wenn du mich entführen willst, dann tu's. Aber ich habe Angst um dich.»

Dîno war ohnmächtig vor Zorn. Er hatte alles Menschenmögliche getan, um ihren Vater davon zu überzeugen, sie ihm zur Frau zu geben. Doch dieser hatte abgelehnt. Dîno glaubte, er sei dem Vater zu arm. Deshalb begann er zu studieren und verzichtete zwei Jahre auf ausreichenden Schlaf, bis er das Lehrerdiplom erworben hatte. Er wurde Lehrer an einer Grundschule. Doch der Vater gab nicht nach.

«Dîno ist durchgedreht», sagten wir mitleidig. Er begann, mit sich selbst zu sprechen. Er blieb an Straßenkreuzungen stehen und stritt laut mit imaginären Personen. In der Schule war es noch schlimmer. Er saß an seinem Pult und schweifte mit seinen Gedanken weit ab, während die Schüler das Klassenzimmer in einen Stall verwandelten. Sie kritzelten hinter seinem Rücken die Tafel voll und bliesen in den Kreidestaub, so daß sein schwarzgestreifter Anzug schmutzig und sein feiner Schnurrbart weiß wurde. Schließlich war er wegen «seelischer Störungen» für den Direktor nicht mehr tragbar, und das Erziehungsdepartement suspendierte ihn. Deshalb kauerte er also nun vor der Tür seines Hauses, und wir Jungen heizten seinen Wahnsinn noch an.

Wir ließen nicht locker, und Dîno hoffte weiter. Wir nahmen seine Briefe und brachten sie zu ihr, und wir nahmen ihre Briefe und brachten sie zu ihm. Beide waren zufrieden; beide hofften weiter.

Das Mädchen heiratete einen anderen Mann. Doch noch immer brachten wir ihm Dînos Briefe. Das Mädchen zog in eine andere Stadt, doch wir blieben Dînos treue Briefträger. Diesmal kamen wir allerdings mit noch gewagteren Sätzen, in kindlicher Schrift: «Mein Geliebter, ich warte auf dich bei den Bäumen von Hilalija.» –

«Mein Geliebter, ich werde heute meinen Vater töten. Mach dich bereit zur Flucht in die Türkei!» – «Mein Geliebter, gib dem Überbringer des Briefes zwei Pfund, damit er für mich ein Geschenk kauft!» – «Mein Geliebter, du bist der schönste Mann auf der Welt!»

Dîno war nicht der einzige, der litt. Auch unser Cousin verlor fast den Kopf vor Gram. Er zerriß sich das Hemd und biß in das Türholz. «Verflucht, warum müssen wir Verwandte sein?»

Unser Cousin liebte seine Cousine. Nach der Sitte war er der erste, der als Bräutigam in Frage kam. Doch in einem Moment der Erleuchtung rief die Mutter des Mädchens: «Das Mädchen ist für ihn tabu. Sie ist seine Milchschwester.» Zur Erklärung fügte sie hinzu: «Seine Mutter ging Stroh sammeln und ließ ihn bei mir. Er war noch ein Säugling, und ich stillte ihn.» Dann fragte sie die Frau unseres Onkels: «Erinnerst du dich an den Tag der Beschneidung von Hammos ältestem Sohn? An diesem Tag hast du deine Legehenne geschlachtet und in ihrem Bauch ein Ei mit drei Dottern gefunden. Oder an den Tag, an dem Hamûschs Karren ins Schweinetal gefallen ist?» Und so weiter. Da erinnerte sich die leibliche Mutter des jungen Mannes und gab der Mutter des Mädchens recht. Das brachte unseren Cousin völlig durcheinander. Wütend riß er die Zweige der Luffapflanzen im Hof des Hauses ab und schrie dabei: «Na und? Soll sie doch meine Milchschwester sein ... Ich liebe sie, mein Gott!» Wie konnte er es wagen, so etwas zu sagen? Deine Milchschwester ist deine Schwester. Verboten hat Gott einem Mann die Heirat mit einer Frau, die an derselben Brust getrunken hat wie er. «Sollen wir etwa die Religion ändern?» riefen sie ihm zu. «Beruhige dich und habe Geduld! Du hast noch viele Cousinen, Töchter anderer Onkel. Beruhige dich!» Doch er beruhigte sich nicht.

Jeden Morgen trafen sie sich auf den Dreschplätzen, wo der Verliebte seiner Cousine und seiner Schwester beim Strohsammeln half. Die Eltern drückten ein Auge zu: «Er ist ihr Cousin. Er wird sie auf jeden Fall heiraten.»

Die beiden Liebenden nutzten dieses schweigende Einverständnis und gaben sich in ihrem zarten Alter den Küssen und dem süßen Keuchen hin. Seine Schwester schützte die Liebenden hinter Strohgarben vor den Blicken der Bäuerinnen. Ein Himmel aus Stroh und eine Erde aus Stroh. Eine sanfte Bewegung, Zärtlichkeit, die die Halme beugt und den berauschten Puls erntet.

«Sie ist eine Hündin!» murmelte unser Cousin. «In ihr ist die Bosheit der ganzen Welt! ... Ach, Tante, soll dich die Schwindsucht holen!»

Und wir antworteten: «Amen!»

Wir stachelten ihn an, und er hörte zu wie ein Kind: «Entjungfere sie, Dummkopf! Sie werden nachgeben. Die unnachgiebigsten Väter und Mütter geben sich geschlagen, wenn sie sehen, daß sie keine Jungfrau mehr ist. Dummkopf! Entjungfere sie, entjungfere sie!»

Er verdrehte die Augen: «Sie ist doch meine Cousine! Das würde ich ihr nie antun!»

Wir setzten erneut zum Angriff an: «Entführe sie! Heirate sie bei einem Scheich, der uns nicht kennt, Dummkopf!»

Er antwortete schicksalsergeben: «Wozu das alles? Sie ist meine Schwester, wie blind mich mein Herz auch macht.»

Das Wort «Schwester» summte wie eine Biene um seinen Kopf, und er schlug nach ihr. «Mein Gott, warum hast du die alte Hexe nicht sterben lassen, bevor sie es ihnen sagen konnte?»

Manchmal beruhigte er sich eine Weile, dann regte er sich wieder auf. Wir nutzten beide Zustände, um ihm unsere derbe Weisheit kundzutun: «Heirate ihre Schwester, Dummkopf! Dann kommt sie dich jeden Tag besuchen!»

Er sah uns entsetzt an: «Woher habt ihr bloß diese Bosheit, ihr Teufelssöhne? Ihre Schwester ist auch meine Schwester. Laßt mich in Ruhe, bevor ich eine Dummheit begehe!»

Er stand auf und suchte nach einem Stock, um uns damit zu verprügeln. Wir rannten weg und machten eine obszöne Geste: «Du Idiot! Du verdienst keine Ratschläge!»

Es nützt nichts, den Verliebten Ratschläge erteilen zu wollen. Alle handeln sie unbedacht und hören nicht zu, wie der Sohn jenes Klempners. Der Sohn des Klempners war zwei Jahre älter als wir. Wir beneideten ihn um vieles. Zunächst um seine Stirnfranse, eine Locke, die ihm in die Stirn wippte und die er von Zeit zu Zeit mit der Hand zurückstrich. Mein Gott! Unsere Eltern verboten uns, die Haare in die Stirn wachsen zu lassen, damit wir nicht wie Mädchen aussahen. Dann beneideten wir ihn, weil er in Anwesenheit seines Vaters rauchte. Sein Vater zündete ihm sogar die Zigaretten an. Mein Gott! Wer von uns wagte es, in Gegenwart des Vaters zu rauchen? Unsere Väter rochen an unseren Fingern und Mündern. Jeden Abend spürten sie nach dem Geruch. Und jeden Abend mußten wir irgendein Kraut oder ein Baumblatt kauen, bevor wir nach Hause kamen. Als nächstes beneideten wir ihn um seinen Beruf und seine Geschicklichkeit. Er zündete den Gasherd an und legte einen kleinen Hammer darauf. Wenn der eiserne Kopf heißglühte, nahm er ihn in die eine Hand, ergriff mit der andern einen dünnen Stab aus Zinn und lötete Löcher und Risse. Von Zeit zu Zeit strich er mit dem Kopf des Hammers über ein Stück Ammoniakstein, von dem sogleich ein blauer, übelriechender Rauch aufstieg. Der Ammoniakstein reinigte den Hammer vom haftengebliebenen Zinn. Das alles war interessant. Noch spannender aber war es, ihn zu beobachten, wenn er den Kopf aus der Tür seiner Werkstatt streckte, um die Tochter seines Nachbarn zu beobachten. Der Nachbar war Hasso, der Schmuggler.

«Was findest du bloß an Hassos Tochter, Dummkopf? Hasso kann gut schießen. Er verfehlt kein Ziel im Umkreis von einer Million Metern, Dummkopf!» Nachdenklich senkte der Klempnersohn den Blick, während wir fortfuhren: «Ihr Bruder, Dummkopf! Keiner hat dir das Messer schneller in den Bauch gestoßen.» Der Klempnersohn runzelte die Stirn. Aber als das blühende Mädchen erschien, tauschte er mit ihm stumme Grüße und Blicke. Immer wenn zwischen seinem Laden und Hassos Haus diese Unterhaltung vor sich ging, unterbrachen wir mit unserem Geschrei die glühende Verbindung zweier Herzen.

«Willkommen! Adieu! Du Esel der Liebe, hau ab!»

Wir vermischten Liedtexte, die wir kaum begriffen, mit Kindergeschrei und gemeinen Beleidigungen. Sie mußten sich zurückziehen, jeder ins Königreich seines Kummers.

Unser Kamerad Osmân, das Hinkebein, sang unsere Spottlieder nicht mit. Er hielt sich abseits und seufzte laut. «Was ist los mit dir, Osmân? Los, schrei wie ein Esel!» riefen wir ihm zu, doch er blieb stumm. «Tanz auf deinem Hinkebein, Osmân!» Doch er blieb stumm. «Pfeif, Osmân!» Doch er blieb stumm.

«Er liebt sie», sagte uns der Sohn des Klempners. Seine Worte überraschten uns. Und er fügte hinzu: «Er geht zu Hasso, um dessen Sohn bei den Rechenaufgaben zu helfen, aber eigentlich besucht er sie. Ich weiß es.»

Mein Gott, wie ist Osmân plötzlich erwachsen geworden? Osmân war so alt wie wir. Da suchten wir vor den Pforten unserer Herzen nach der Spur eines Mädchens, ohne etwas zu finden. Es war noch kein weibliches Wesen in der Nähe. Osmân hingegen!!! Mein Gott! Der Dummkopf ist uns zuvorgekommen. Er hat uns überholt und sich auf einen heimlichen und ungerechten Kampf mit seinem Rivalen, dem Klempnersohn, eingelassen.

Trotz unserer Bewunderung für den Klempnersohn ergriffen wir die Partei Osmâns. Doch welche List anwenden? Das Mädchen liebte ihn nicht. Wir standen dreist vor dem Tor der Mädchenschule und steckten ihr einen Brief zu, den sie uns schamvoll zurückgab. Wir folgten ihr und flüsterten: «Der Brief ist von Osmân.» Sie drehte sich um und flüsterte: «Soll er sich doch seinen Brief sonstwohin stecken!» Da drohten wir ihr: «Wir werden deinem Freund den Hintern löten! Mit seinem eigenen Hammer!»

Nach einer Weile überließen wir das Mädchen sich selbst, und plötzlich sahen wir mit einem ganz anderen Blick um uns, wie jemand, der von einem Platzregen überrascht wird. Welch lieblichen Bienenschwarm entdeckten wir. Mädchen in unserem Alter, Mädchen, die ein wenig älter oder jünger waren; schwarze Pferdeschwänze und bezaubernde Schürzen; und Spiegel, die uns das eigene Bild zurückgaben. Wie schrecklich! Wir rannten, um Kämme, Haarpomade und Schuhwichse zu kaufen. «Von jetzt an wollen wir uns aufführen, wie es unserem Alter entspricht.»

So begann dieser neue Lebensabschnitt, samten und weich wie unsere knospenden Körper. Wir standen vor den Toren der Mädchenschulen; wir trugen die Hosen, die wir nachts unter die Matratzen legten, damit sie ihre eleganten Falten behielten, und unser Haar glänzte nicht weniger als unsere Schuhe. Zum erstenmal sahen wir, wie weit die anderen schon waren: Sie hatten Fahrräder, sie hatten Cordmützen, um die Blicke auf sich zu ziehen. Sie hatten Schlaghosen und zweifarbige Schuhe und buntgemusterte Hemden. Sie hatten das Haar nach hinten gebürstet und trugen Koteletten. Mein Gott! Woher sollten wir uns Koteletten besorgen? Unsere Bärte sprossen noch nicht. So malten wir uns Koteletten mit schwarzer Schuhwichse. Wenn wir schwitzten, tropfte sie uns übers Kinn. Sie brauchten sich nicht anzustrengen, um von ihren Opfern ein Lächeln oder ein heimliches Winken zu bekommen. Wir verhielten uns ganz wie sie, aber uns winkte keine.

«Wir müssen zeigen, was wir können!» sagten wir zueinander. «Aber was können wir?» Wir hatten tatsächlich nichts, wodurch wir die Blicke der Mädchen auf uns ziehen konnten. Die Messer unter unseren Hemden? Nein, die waren nicht zum Vorführen! Die Linsen, mit denen wir Hühner anlockten, um sie zu stehlen? Nein, die waren nicht zum Vorführen! Unsere angsterregenden Masken aus Flachs und Sackleinen? Nein, die waren nicht zum Vorführen! Die Kupferteile der Autos, die wir entwendeten, um sie zu verkaufen? Nein, die waren nicht zum Vorführen! Die bemerkenswerte Fähigkeit, uns von der Bezahlung des Eintritts zu befreien, indem wir uns in den Toiletten des Kinos versteckten? Nein, die war nicht zum Vorführen. Die Rasierklingen, die wir den Vätern stahlen, um die Seile der Wassermelonenkarren zu zerschneiden? Nein, die waren nicht zum Vorführen! Unser Wagemut, wenn wir nachts auf den Friedhöfen die Toten aufstörten? Nein, der war nicht zum Vorführen!

Da wurde uns bewußt, wie grob und ungeschliffen wir waren. Wir waren von vornherein die Verlierer. Um so schlimmer für die Mädchen!

In den Pausen kletterten wir auf die Mauern, die die Mädchenschule umgaben. Unsere Taschen waren mit kleinen Steinen gefüllt, die wir in den Hof prasseln ließen. Wenn ihnen das zu weit ging, rannten sie zu ihren Aufseherinnen. Einige von ihnen wurden nervös und schrien: «Ihr Rotzbengel! Wer hat euch diese Manieren beigebracht!» Andere wiesen uns sanft zurecht: «Habt ihr denn keine Schwestern? Was würdet ihr sagen, wenn andere Jungen eure Schwestern mit Steinen bewerfen würden? Würdet ihr das gut finden?» Wir wußten keine Antwort, doch wir schämten uns und glitten von der Mauer. Kaum aber waren die Aufseherinnen in ihren Büros verschwunden, kletterten wir wieder hinauf. Wenn die Schule aus war, war es noch schlimmer. Jeden Tag wählten wir ein Opfer aus dem Mädchenschwarm. Wir verfolgten es bis nach Hause.

«Hab Erbarmen mit mir, meine Süße!»

«Wie schlank deine Taille ist!»

«Ganz die Mutter!»

«Sei ein bißchen zärtlich, schönes Kind!»

Wenn wir in der Straße erschienen, begannen sie, sich aneinander zu drängen. Zu siebt brachten Sie ein Mädchen, dessen Heimweg sehr weit war, nach Hause, zu sechst begleiteten sie das Mädchen mit dem nächst weitesten Weg, und so fort. Einer allein zu begegnen, war praktisch unmöglich.

Kein Mädchen zog uns mehr an als andere. Es war noch immer bloße Spielerei. Wir flehten innerlich um einen einzigen Blick der Bewunderung – aber wir bekamen nichts. Mein Gott, unsere ungelenken Annäherungsversuche bedeuteten ihnen nichts! Schall und Rauch waren die gebügelten Kleider und die Schuhe, die wie unsere Augen glänzten. Mein Gott, ein Lächeln, ein Blick, nichts weiter! Nieder mit ihnen! Nieder mit dieser stummen Schülerin, von der Sülo die Augen nicht mehr lassen konnte. Was an ihr zog ihn nur so an? Sie war schön und blühend, als wäre sie aus einem weißen Blütenkelch gestiegen. Doch sie war stumm!

Sülo blieb hinter den andern zurück. Die Aufseherin war die Letzte, die die Schule verließ, und die Stumme war ihre Tochter. Sie gingen zusammen, sie waren schön, ihr Gang hatte die Würde der Königinnen. Sülo ging hinter den beiden her.

Das Haus der Aufseherin lag in der Nähe der Schule, ein altes Haus aus Backstein. Es duftete nach einer geheimnisvollen Macht: Ein Holztor, ein Weg aus Marmorplatten, der den Garten in zwei Teile teilte. Beiderseits des Weges neigten sich dem Eintretenden Blumen entgegen. Das Innere des Hauses bekamen wir nicht zu Gesicht. Aber von den Melodien des Klaviers erfuhren wir manches.

Nur im Kino hatten wir Klaviere gesehen. Und die Stumme besaß eines! Ach, Sülo! Ihre Freundinnen sagten, sie sei eine hervorragende Tänzerin und Musikerin und die Intelligenteste in ihrer Klasse. Sie unterhielt sich mit den andern, indem sie kleine Briefe schrieb. Ach, Sülo! Er verließ jenes Viertel nicht mehr, wo die hohen Staatsbeamten wohnten und wo es Gärten gab, die von außerordentlicher Schönheit schimmerten und glänzten.

Sülo wurde eigenartig. Wie ein Luchs irrte er um die efeubestickte Mauer. Merkwürdig wie eine Pflanze, die mitten in der Wüste aus dem Boden sprießt. Die Stumme sah ihn oft, wenn sie in den Garten hinausging. Mißbilligend bedeutete sie ihm durch Zeichen: «Was willst du?» Ach, Sülo, was willst du eigentlich? Du schließt die Augen, und sie füllen sich mit Tränen. Die Sehnsucht eines Stummen nach einer Stummen, deren Gesten er sich wiederholt. Was wäre, wenn sie dir bedeuten würde zu kommen? Was, wenn sie dich umarmen würde, wenn sie dich über die Marmorplatten ins Haus führen und ihrer Mutter mitteilen würde: «Das ist mein Held!»? Voller Stolz säßest du da, während sie Klavier spielte. Sie würde dich verwöhnen, die ganze Familie würde dich verhätscheln, als kämest du direkt aus einem Traum, einzigartig in deiner Unerschrockenheit und deinem Stolz, einzigartig in deiner Ruhe und der Harmonie deiner Bewegungen, so einzigartig, wie es einem Menschenwesen nur möglich ist. Die Freundinnen der Stummen würden dich bewundern. Aber wenn sie das Wort an dich richten würden, schriebe ihnen die Stumme: «Der gehört mir!» Ach, Sülo! Wach auf, du Dummkopf! Das ist das Haus von Bâsir Bâschi, Nachkomme eines Paschas aus Konstantinopel. Und wer bist du?

Heute war Nationalfeiertag. Ein Fest unter einer Million Festen anläßlich eines Ereignisses, gegen das niemand auch nur einen Finger zum Protest erhob. Ein Fest, immerhin, und die Vorbereitungen liefen seit zehn Tagen auf Hochtouren.

Das Kino *Haddâd* hatte kostenlos seinen Saal zur Verfügung gestellt. Redner kamen und gingen. Theaterdarbietungen folgten aufeinander. Wir sahen nichts, das Gedränge war zu groß. Wir waren eingezwängt zwischen den breiten Sitzen und den Polizistenstiefeln. Doch was vorging, hörten wir über die Lautsprecher, die knackten, pfiffen und ununterbrochen surrten, als trommelte man auf ein Stück Blech.

Wir stießen nach vorn, wichen zurück, stiegen auf die Schultern, stürzten zu Boden. Sülo plagten böse Vorahnungen.

Der Lautsprecher verkündete: «Wir präsentieren Ihnen Dschumâna Bâsir Bâschi!» Großer Gott! Sülo hüpfte über die Köpfe, hing sich an die Gitterstäbe der Kinotür. Zahlreiche Hände griffen nach ihm, und sein Hemdsärmel wurde in Fetzen gerissen. Doch er stieg nicht hinunter. Da sah er sie: Dschumâna, die Stumme, in einem weiten, weißen Kleid. Sie bewegte sich wie ein Schwan hin und her, verneigte sich, bog sich, streckte sich, hüpfte, sah treuherzig aus und zornig, war weich und hart, schwebte langsam und schnell ... Sülo schrie: «Sie gehört mir! Sie gehört mir!» Er krallte sich an das Gitter. Er übersah die ganze Menschenmenge, das Gebäude, die Stumme, die Papierfähnchen, das millionste Fest an diesem patriotischen, geschichtsträchtigen Tag.

«Dschumâna, hier bin ich!»

Was war das für ein Trompetenstoß? Was für Schilder, die von den blinden Herzschlägen Sülos durchbohrt wurden? Bumm, bumm ... Die Rennpferde bissen die Rennpferde, die Gärten spalteten die Gärten mit Pflügen aus Marmor. Ein finsterer Schlund tat sich auf, voller Krebse. «Hol eine Leiter, Sülo! Bring ein Katapult und geschmolzenes Blei!» murmelte sein Innerstes. Da wurde er zornig und schrie auf: «Geht weg! ... Sie gehört mir!»

Nein, niemand entfernte sich. Die Zuschauer blieben, bis die letzte Glühbirne im Saal gelöscht wurde. Die Schützen mit den Katapulten in Sülos Herz zerstörten nicht die Menschenmauer. Sie schwankten, von seinem Pulsschlag bewegt, und zerschellten endlich im Abgrund seines Herzens.

Die Menge hatte sich jetzt aufgelöst; auch die Melonen- und Kürbiskernverkäufer mit ihren Karren verzogen sich. Nur du bliebst zurück, Sülo! Du wußtest, daß die Stumme bald herauskommen würde. Ihre Mutter würde zufrieden sein, sie mit Lob überschütten. Sie würden kurz stehen bleiben, ohne sich nach dir umzudrehen, ohne auf deine Augen zu achten, in denen deine Seele nistete. Der Vater würde in seinem schwarzen Auto kommen, ihnen zunicken, und sie würden einsteigen. Zehn

Schritte würdest du dem Auto nachlaufen, dann stehenbleiben. Wie zwei Zaunkönige aber würden ihnen deine Augen folgen. Sie würden noch lange an die Fensterscheiben prallen, ohne ihre Aufmerksamkeit zu erregen ... Hoffnungslos, Sülo! Der Pascha aus Konstantinopel wird dich blind machen. Kehr um, Dummkopf!

Und Sülo kehrte um, ließ das Viertel der Staatsbeamten, seine Efeuschwerter, seine Knospen und die Schleier seines Herzens hinter sich. Verbittert und vergrämt kam er zurück, antwortete auf jeden Gruß mit einem Fluch. Immer wieder verließ er sein Haus, um tagelang wegzubleiben.

Im Sommer dieses Jahres, in dem sein Herz erwachsen geworden war, pachtete Sülos Vater ein Stück Land von der Gemeinde. Sülo hatte die dort gelagerten Getreidesäcke zu bewachen. Die Bewachung der Getreidesäcke war Saisonarbeit, die unterschiedlich viel einbrachte. Es verhielt sich folgendermaßen: Man pachtete ein Stück Land am Stadtrand. Zur Erntezeit schickten die Bauern ihr Getreide auf großen Lastwagen in die Stadt. Weil aber der Verkauf nicht auf der Stelle abgewickelt wurde, bezahlten sie für die Lagerung der Ernte eine Gebühr, in der auch die Bewachung inbegriffen war. Auch die Händler mußten ihre Waren zwischenlagern. So bekamen die Bewacher dieser Speicher unter freiem Himmel die ganze Erntezeit über Geld: immer, wenn ein Lastwagen auf ihrem Land seine Fracht ablud.

Das Stück Land, das Sülos Vater gepachtet hatte, lag in der Nähe der Mittelschule und war auf der Seite, wo es offen war und bald in den Friedhof der Chaldäer überging, voll von Dornen und verdorrten Süßholzstrünken. Sülo und sein jüngerer Bruder hatten drei Tage zu schuften. Mit Beilen und Hacken bearbeiteten sie die Erde, bis

Furchen und Risse eingeebnet waren und der Boden aussah wie ein glattes Stück Papier. Dann warteten sie auf den ersten Lastwagen. Als er kam, mußte Sülo einen Unterstand bauen. Neben der Schulhausmauer schlug er zwei Holzpfähle in den Boden und bastelte ein Dach aus alten Pappschachteln. Auf den Boden legte er zwei Hanfsäcke, und er stellte einen Wasserkrug auf. «Wir sind bereit!»

Die Bewachung der Getreidesäcke war kein Vergnügen. Von Tag zu Tag wurden die Haufen größer, drei Schichten hoch, bis eine richtige Festung mit Türmen, Mauern und Gängen entstanden war. «Die Ernte ist gut», sagte Sülo zu seinem Bruder. «Nimm dich vor den Zigeunerfrauen in acht!» Der Boden war mit Weizen übersät, der aus den Löchern der Säcke gerieselt war, wenn die Träger ihre Haken hineingeschlagen hatten. Die Bewacher sammelten die Körner vom Boden auf und siebten sie aus. Auf diese Weise kamen manchmal bis zum Ende des Sommers fünfzig Säcke zusammen, was einem nicht unbedeutenden Preis entsprach. «Nimm dich vor den andern Bewachern in acht! Einige stehlen. Paß auf den Norden auf, wo die anderen Lager sind!»

Es gab nur eins, was Sülo im Kampf ums tägliche Brot entmutigte. Er mußte nachts unter freiem Himmel schlafen, und der Geruch der Säcke zog Horden von fleischgierigen Mücken an. Er erwachte jede Stunde, auch dann, wenn er sich zudeckte, denn die kleinen Insekten durchbohrten die Decken. Sülo wechselte sich bei der Bewachung mit seinem Bruder ab, so wurde das Ganze ein wenig erträglicher. Und es half ihnen noch ein dritter Mann – allerdings nur einen Monat lang. Dieser Mann war eine große Hilfe, denn er war sehr erfahren. Die größte Erfahrung hatte er allerdings im Stehlen von Korn aus den Säcken. In einer Nacht gelang es ihm, zwei

Behälter zu füllen, die so groß waren wie Gasbomben. Dann kam sein Sohn mit einer Schubkarre und brachte sie weg.

Sülo bemerkte nichts davon. Einer der Bewacher in der Nachbarschaft machte ihn darauf aufmerksam: «Habt ihr eurem dritten Mann mal auf die Finger gesehen?»

«Was ist mit ihm?»

«Beobachtet ihn!»

Sülo gab vor, nach dem Abendessen nach Hause zu gehen, kam dann aber zurück und versteckte sich zwischen den Säcken.

«Auf frischer Tat ertappe ich dich!» rief Sülo.

Der Mann stotterte und versuchte, sich zu entschuldigen: «Ich habe Kinder...»

Am Morgen kam Sülos Vater und ohrfeigte den Mann, so daß sein Kopftuch zu Boden flatterte.

Sülo und sein Bruder lösten sich nun Tag und Nacht bei der Bewachung ab. Aber wieder hatten sie Pech. Auf ihrem Land türmten sich Pyramiden von Getreidesäcken, die nicht abgeholt wurden. Gewinn konnte man nur machen, wenn die Säcke abtransportiert wurden. Gewinn konnte man nur machen, wenn man immer neue Säcke bekam. Der Preis für die Bewachung der Säcke war zehn Piaster, ob sie nun eine Stunde, einen Tag oder den ganzen Sommer gelagert wurden. So war es immer gewesen.

Erst am Ende des Sommers holten Bauern und Händler ihre Waren wieder ab. Die Erntezeit war vorbei, es kamen keine Lastwagen mehr. Was aber Sülo am meisten ärgerte, war, daß eine kleine Anzahl von Säcken zurückblieb, weil der Besitzer nicht mehr auftauchte. Nach der Vereinbarung mußte Sülo diese Säcke bewachen, solange es Gott gefiel.

Die Schulen öffneten ihre Tore, doch der Haufen von

Säcken blieb. Und Sülos Blick wanderte zwischen den Säcken und dem Weg zur Schule hin und her. Ach, Sülo!

Der erste Herbststurm, mit rotem Staub beladen, brachte Tropfen aus Lehm. Ach, Sülo! Er deckte den Haufen mit einer großen Zeltplane zu, aus Furcht, die Säcke könnten naß werden. Denn in der Feuchtigkeit würde der Weizen keimen und verderben ... Ach, Sülo!

Mitten im Herbst hatte er genug: «Zum Teufel mit ihnen und ihrem Besitzer!»

Aus den feuchten Säcken wuchsen grüne Halme. Mit den Monaten wurden die Halme länger. Ach, Sülo!

Im Frühjahr rissen die Säcke auf, die Ähren reiften langsam heran, doch der Besitzer kam nicht. Als der Sommer kam, glühte ein goldgelber Klumpen auf dem unbebauten Land, das von Dornen und Süßholz erobert wurde.

Weil Sülo soviel Pech gehabt hatte, schlug ihm sein Schwager im nächsten Sommer etwas Neues vor: «Arbeite bei mir auf meinem Lastwagen!»

Sülo sagte zu.

«Ich werde dir beibringen, wie man Motoren repariert.»

Sülo sagte zu.

«Ich werde dir beibringen, wie man dieses Ungetüm fährt.»

Sülo sagte zu.

«Ich werde aus dir einen Mann machen.»

Sülo sagte zu.

«Morgen werde ich dich auf die Probe stellen. Zieh deine Khakihose und dein schwarzes Hemd an! Und binde dir ein Tuch um den Kopf!»

Sülo sagte zu.

Im Morgengrauen weckte ihn ein teuflisches Hupen.

Schnell stand er auf, zog sich an und ging hinaus. Er stieg auf den Lastwagen mit dem hohen Führerhäuschen und setzte sich neben seinen Schwager. Der Morgen war angenehm kühl. Wer glaubte, daß ein Vormittag, heiß wie geschmolzener Teer, ihm auf dem Fuß folgen würde? Sülo hätte es besser glauben sollen, denn bald mußte er es am eigenen Leib erfahren. Der Schweiß rann in Bächen. Das Blechdach des Führerhäuschens glänzte wie im Fieber. Von Zeit zu Zeit sah ihn sein Schwager aus den Augenwinkeln an: «Wickle dir das Kopftuch wie einen Turban um den Kopf, damit es den Schweiß aufsaugt! Kremple die Ärmel hoch, du Held!»

Dann drückte er auf die Hupe: «Tuuuuut!» So warnte er die Luft und die Geister, die in der Wildnis zu beiden Seiten der Asphaltstraße wohnten ...

Nach fünfzig Kilometern bog der Lastwagen auf einen Feldweg ab, bewegte sich schwankend zwischen den Schlaglöchern. Hier und da waren kleine Dörfer, die sich um die eigene Achse drehten, wenn man näherkam. Dann verschwanden sie, und es winkten andere.

«Hast du Hunger?» fragte der Schwager.

«Ja.»

Und von neuem herrschte Schweigen zwischen ihnen, während sich Sülos Eingeweide im Bauch herumwälzten. Zornig sah er seinen Schwager an, der lächelte und ihm auf den Schenkel schlug: «Bist du müde, du Held? Wir sind erst am Anfang des Weges, wenn wir ankommen, frühstücken wir.»

Sülo murmelte: «Warum nicht jetzt?»

Der unerschütterliche Mann antwortete unter seinem blonden Schnurrbart: «Ich fürchte, daß dir bei dem Gerüttel übel wird. Ein leerer Magen hält das aus, ein voller nicht.»

Widerwillig schluckte Sülo seinen Speichel.

Endlich kamen sie an. Weite Flächen, Mähdrescher mit riesigen Klingen. Das Stroh wirbelte aus ihren Hinterteilen, die wie Schornsteine aussahen. Einige Männer füllten das Korn in Säcke, andere nähten die Säcke mit Hanfschnüren zusammen. Hier und dort sah man Frauen, die das Stroh bündelten und auf die Rücken der Esel hievten.

Es gab noch einen anderen Lastwagen, der beladen wurde. Bis die Träger damit fertig waren, stiegen Sülo und sein Schwager aus und versorgten sich mit Tomaten, Käsescheiben und Brot. Im Schatten ihres Lastwagens setzten sie sich auf einen leeren Sack und aßen. Anschließend legten sie sich hin, um zu schlafen.

Dann waren sie dran. Die Träger kamen und riefen: «Vorwärts, Männer!» Und der Schwager rief: «Auf die Ladefläche! Klettere rauf und schichte die Säcke auf!» Sülo wußte, wie man Säcke aufschichtete. Die Träger stiegen über eine Rampe auf den Lastwagen und warfen die Säcke, wie es gerade kam. Er aber mußte sie genau aufeinanderlegen. Es war eine Arbeit, die Muskelkraft und Reaktionsschnelligkeit erforderte. Kaum hatte Sülo den einen Sack richtig plaziert, fiel der andere um. Er arbeitete mit Händen und Füßen, um ihn an seinen richtigen Platz zu bugsieren. Sobald seine Kraft ein wenig nachließ, brüllte sein Schwager: «Sülo, so wirst du kein Mann werden! Du enttäuschst mich!»

Da ermannte sich Sülo: «Hau ruck!»

Überall Schweiß, Schweiß an den Füßen, auf der Rampe und an den Säcken. Schweiß in den Sandalen der Träger, in Sülos Hose und an seinen Beinen. Strömender Schweiß an den Stirnen derer, die mit gebeugten Rücken Säcke trugen. Schweiß, der in tausend winzige, leichte, fröhliche Tropfen zerstob... Ein Fest des Schweißes. Schweißredner, Schweißzuhörer, Schweißfahnen. Theater und Gebäude aus Schweiß. Planeten und Sterne aus

Schweiß. Schwerter, Schilde und Fackeln aus Schweiß. Eine Regierung und ein Volk aus Schweiß. Sprachen, Stifte, Kriege und Hähne aus Schweiß. Schweiß bringt Schweiß hervor und stöhnt inbrünstig: «Gepriesen sei Gott!»

«Gut gemacht, Sülo!» sagte der Schwager.

Schweigend und niedergeschlagen hob Sülo die Lider. Es war noch nicht zu Ende. Er mußte die Fracht noch mit Draht fest zusammenbinden.

«Gib mir den Draht», sagte er.

«Ruh dich zuerst ein wenig aus!»

Doch Sülo wartete nicht. Er öffnete die Werkzeugkiste und zog die Drahtrolle heraus. «Bringen wir es zu Ende!» Dann kletterte er auf das Dach des Lastwagens. Festbinden war auch eine sehr anstrengende Arbeit. Sülo führte den Draht durch die Eisenringe an der Ladefläche des Lastwagens. Er kletterte hin und her und gab sich die größte Mühe, daß er alles richtig machte. Nach getaner Arbeit saß er völlig erschöpft neben dem Schwager.

Als sie zurückfuhren, war es später Nachmittag. Wieder drehten sich Dörfer um die eigene Achse und verschwanden. Die Erde flimmerte in der Hitze. Sülo vergaß seinen Hunger und erinnerte sich an seinen Zorn: «Welch ein Jammerleben!» Als sie am Mîra-Bahnhof ankamen, wo das Getreide umgeschlagen wurde, sammelte die glühend untergehende Sonne die letzten blonden Locken unter ihrer Krone.

Jetzt hatte er nichts mehr zu tun. Die Träger kümmerten sich um die Entladung. Die Lastwagen standen unter den Dächern dieses Ortes, wo sich Züge aus osmanischer Zeit sammelten. Ja, der Mîra-Bahnhof! Tag und Nacht war hier Gedränge, obwohl das Gebäude sechzehn Kilometer vom nächsten bewohnten Haus entfernt war. Der Bahnhof war eine Stadt für sich, überdacht von einer riesigen Eisenkonstruktion. Unaufhörlich kamen kurzatmige Züge an und fuhren ächzend wieder ab. Händler kauften und verkauften. Räume aus Lehm für die Zollabfertigungen. Kinder verkauften Gebührenmarken. Eine riesige Autowaage wog die Lastwagen. Getreidewächter liefen herum. Diebe siebten den Staub. Träger stritten sich oder saßen im Kreis und hofften auf ein gutes Angebot. Hühner pickten Körner. Hühner, die den Zöllnern, Lokomotivführern und Hilfslokomotivführern gehörten, Hühner, die ehrbar und geachtet waren. Es gab große Wasserbehälter auf Holzsockeln. Alles, was Durst hatte, trank daraus, Menschen, Hähne und Spatzen. Es gab auch Spatzenjäger mit Luftgewehren. Es gab Streitigkeiten darum, wer beim Be- und Entladen zuerst kam. Es gab Mißverständnisse, die man nur lösen konnte, wenn man heimlich Geld in die Hände der Mîra-Männer legte. Lämmer wurden hereingeführt. Rechnungen wurden gefälscht, und die Beamten drückten ein Auge zu. Es gab Steuereintreiber, die für die Luft, für den Schatten, für eine kleine Verspätung beim Abladen, für den Tag und die Nacht Steuern erhoben. Und es gab die Sprachen: Kurdisch, arabisch, türkisch, assyrisch, aramäisch und alle Variationen der Dialekte.

Es war der Bahnhof der Bahnhöfe. Bahnhof der Seele und des Zorns... Und Sülo hatte Hunger.

Der greise Verkäufer, der untrennbar zum Bahnhof gehörte, erlöste ihn. Er trug einen Korb voll schmackhafter Teigschnitten mit Fleisch. Wenn sie ausverkauft waren, ging er in die Stadt und kam mit einem frischgefüllten Korb zurück.

Im Morgengrauen des nächsten Tages täuschte Sülo tiefen Schlaf vor. Das Horn des Lastwagens heulte länger als eine Viertelstunde vor der Hausmauer. Sein Vater schüttelte ihn, aber er gab keinen Laut von sich.

Seine Mutter schüttelte ihn, aber er tat keinen Mucks. Sie teilten dem Schwager mit, daß Sülo erschöpft sei, und der Schwager antwortete: «Er wird nie ein Mann.» Dann ging er, und er bat Sülo nie wieder, ihn zu begleiten.

Doch Sülo ist ein Mann! Sülo, das bin ich. Sülo, Salîmo, Bawe Ghasso, der Sohn des Malla Barakât, das bin ich. Der kleine flinke Mann, der die großen Rechnungen des Nordens genau erforschte und prüfte, das war ich. Und Sülo, das heißt ich, hatte nichts anderes mehr zu tun, als auf den Tod des Sufi Seino zu warten. Der Sufi Seino würde sterben, und Sülo wußte es. Seine Ehefrau hatte ihm keinen Sohn geboren. So würde er zwei Tode sterben: einen aus Altersschwäche, den andern aus Zorn. Er war über zwei Dinge zornig. Zuerst über seinen Sohn, der nicht geboren wurde, zweitens über seine Kuh, die eines Nachts aus dem Stall entwischte und aus dem Kleiesack fraß, bis sie platzte.

Seino lag auf seiner Matratze vor der Stalltür und schrie jede Stunde: «Hier ist er!»

Seine Frau beruhigte den Erschreckten: «Niemand ist hier, Seino.»

Er flüsterte: «Doch, ich sehe ihn, immer wenn die Stalltür aufgeht.»

Die Besucher fragten ihn: «Wen siehst du, Seino?»

«Den weißen Mann, der den Strick der Kuh durchgeschnitten hat und sie Kleie fressen ließ, damit sie stirbt.»

Die Stalltür war immer geschlossen, und Seino behielt sie im Blick. Er wälzte sich auf seiner Matratze hin und her, seine Augen drehten sich in den Höhlen. Es waren Augen voller Abschied und Hartnäckigkeit. Sülo kam ihn jeden Tag besuchen. Er wußte nicht, was ihn zu diesem Mann hinzog, doch er kam jeden Tag.

«Die Regierung ist gefallen, Seino. Die Regierung, die den Vergnügungspark zerstört hat, ist weg, und eine andere ist gekommen.»

Seino murmelte: «Ich kümmere mich um das Schicksal, doch das Schicksal kümmert sich um die Regierung. Ach, sie war die beste aller Kühe!»

«Erinnerst du dich an den Tag, an dem du Dschegerchwîn* die Stirn botest?»

«Ja, ich erinnere mich. Er hinderte die Besucher daran, sein Haus zu betreten. Seine Töchter sind Huren. Pfui!»

«Dschegerchwîn ist ein kurdischer Dichter. Er ist berühmt; er hat Schüler und Nachahmer.»

«Ich will kein Kurde sein, wenn Dschegerchwîn einer ist. Ein Haus wie ein Freudenhaus. Seine Töchter mischen sich unter die Fremden, tragen kurze Kleider. Pfui!»

In jenem Alter verstanden wir Dschegerchwîn nicht, auch Seino verstand ihn nicht, und unsere Väter waren konservativ. Doch Seino war kein Schmeichler, er nahm kein Blatt vor den Mund, wenn ihm etwas nicht paßte. Er trug einen ewigen Zorn in sich über eine Zeit, mit der ihn nichts verband. Die meisten Menschen seiner Generation waren gestorben, einer nach dem anderen, zornig wie er, sie hatten keinen andern Trost als ihre Kinder. Seino hingegen tröstete sich mit ihrem Tod: «Wer aus meiner Generation vor mir stirbt, ist mir Trost in meinem Tod. Und wer nach mir stirbt, für den bin ich Trost im Tod.» Damit hatte er nur zur Hälfte recht. Und sein Blick blieb auf die Stalltür gerichtet.

In Momenten, in denen der alte Mann bei Verstand war, fragte ihn Sülo: «Wer ist der weiße Mann, Seino?»

* Aus Qamischli gebürtiger kurdischer Nationaldichter, gest. 1986.

Seinos abgehackter Husten verbarg seinen Schrecken. Er antwortete: «Ich weiß nicht.»

«Komm, wir gehen zusammen in den Stall!»

Doch er hob die zitternde Hand an seine Brust: «Denkst du, ich habe Angst? Nein! Soll er doch dort bleiben! Wir wissen nicht, was er tut, wenn er herauskommt. Vielleicht läßt er alle Kühe im Viertel auf die Kleiesäcke los!»

«Denkst du, er kann nicht weglaufen?»

Der Alte war ratlos und antwortete nicht. Überhaupt gab es auf solche Fragen keine Antwort. Die Zeit allein konnte Antwort geben, die Zeit, die ihre verwelkten Blumen auf Seinos Kalender streut. Ach, Seino! Alles ist zu Ende.

Seino lag im Zimmer, an seinem Lager saß die erschöpfte Witwe. Die Tränen hatten sie ausgelaugt, sie flüsterte flehend: «Was hast du gesehen, mein Liebster?»

Dann wandte sie sich an die Weinenden um sie herum: «Er hat geschrien: ‹Der weiße Mann ist herausgekommen!› Wir eilten zu ihm. Die Stalltür war offen, Seinos Blick darauf gerichtet. Ich schüttelte ihn, aber er sprach kein Wort. Mein Mann hat mich verlassen. Bedeute ich ihm denn so wenig?»

Norden bist du, Norden! Wir erlaubten es dir wohl oder übel, daß du dich mit uns brüstest. Alle anderen Himmelsrichtungen hatten ihre Völker schon gewählt. Und so blieb uns nichts anderes übrig, als einzuwilligen in diese Zwangsheirat mit dir, die der Zufall stiftete.

Wir sind mit dir einverstanden, also sei auch zufrieden mit uns! Siehst du nicht, wie fröhlich wir sind, wenn die Regierungen uns einschläfern und die Hähne uns wecken? Wenn wir aufwachen, fliegen die Kleider der Tänzerinnen im Vergnügungspark durcheinander, und die Hühner laufen an den Nationalfesten hinter uns her.

Siehst du nicht die Träger und die Dungsammlerinnen? Hörst du nicht die Witze, die wir in deinen Palast schicken, um die Ewigkeit zum Lachen zu bringen?

Einverstanden und zufrieden! Betrachte nur den Esel von Sufi Machmûds Sohn, der zu bestimmten Anlässen in die Schule kam. Auf seinem Bauch stand mit weißer Farbe das Wort «Imperialismus». Wir hatten unseren Spaß mit ihm, ebenso die Lehrer, die Rektoren und der Provinzgouverneur. Wenn die gesetzlich vorgeschriebenen Volksdemonstrationen auszogen, kam auch Sufi Machmûds Sohn auf seinem Esel geritten. Er trug seine Mütze mit dem sechszackigen Stern, das Gesicht war grell geschminkt wie bei einem Clown, und er trabte durch die Reihen und war Mittelpunkt der Blicke und des Gelächters.

Betrachte nur den einhändigen Marwân, der so äußerst geschickt sein Fahrrad lenkte! Es gelang ihm, den wachsamsten und vorsichtigsten Schulaufseher zu täuschen und im Schulhof und im Klassenzimmer zu rauchen. Sieh ihn an! Und betrachte den Lehrer, der Mitglied der Partei ist und ihn mit dem Stock schlägt und mit den Füßen tritt. Und kaum läßt er ihn los, läuft Marwân lachend weg.

Einverstanden und zufrieden! Doch von Zeit zu Zeit explodieren wir, nicht aus Protest gegen jemand bestimmten, sondern um die Ankunft Mêros hinauszuschieben: Träger zerfleischen sich gegenseitig; Verwandte zerstreiten sich wegen des Geschwätzes ihrer Frauen; Lehrer mißhandeln ihre Schüler, um sich an der Vergangenheit, an der Gegenwart und an der Zukunft zu rächen; berittene Polizeistreifen plündern die Dörfer, um ihren Lohn aufzubessern; Glücksspieler erdolchen einander mit Schlachtermessern; Halbstarke haben ganze Viertel im Griff; Huren heuern Gangster als Zuhälter an; Lastwagenfahrer drängen die kleineren Autos in die

Straßengräben; religiöse Männer schließen Bündnisse aufgrund von einzelnen Worten oder Buchstaben im Koran; Beduinen lassen ihre Schafe auf den Getreidefeldern weiden; Väter verachten die neumodischen Hosen ihrer Söhne; Bauern reiben die Hintern ihrer Maultiere mit Ammoniakstein ein, damit sie schneller pflügen ... und so weiter.

Jeder schiebt die Ankunft Mêros auf seine Art hinaus, schiebt die Ankunft der Böcke hinaus, die mit ihren Hörnern die Erdkruste aufreißen und unter dem Durcheinander der Häuser und Märkte das Reich der ersten Hirten erscheinen lassen, auf den Grundmauern aus Kalk und den Brunnen, die schlummern wie Sarkophage aus Gold.

Von den Grenzen des Nordens also erwartet die Erde den Blitzschlag ihrer Magie und die Meister der Komödie.

NACHBEMERKUNG
DIE KURDEN IN SYRIEN

Bereits im 11. Jahrhundert waren im Gebiet des heutigen Syrien Kurden angesiedelt: hauptsächlich im Nordwesten Syriens sowie in Damaskus, während heute der größte Teil der syrischen Kurden im Nordosten des Landes lebt, im *Dschazira* (‹Insel›) genannten syrischen Teil des Zweistromlandes. In dieser sehr fruchtbaren, schon in der Antike landwirtschaftlich intensiv genutzten Region hatten die halbnomadisch lebenden Kurden ihre Winterweidegründe. Im 19. Jahrhundert begannen sie, sich dort fest niederzulassen. Ihre Zahl vergrößerte sich stark, als um 1930 kurdische Aufstände und deren Niederschlagung in der Türkei zu Flüchtlingsströmen führten.

Heute leben in ganz Syrien schätzungsweise 1,2 bis 1,5 Millionen Kurden, das entspricht einem Anteil an der Gesamtbevölkerung von etwa acht bis zehn Prozent. Städte mit einer besonders starken kurdischen Population sind Amûda sowie Barakats Heimatstadt Qamischli in der Nähe der türkischen Grenze. Die Kurden sind nur eine unter mehreren ethnischen und religiösen Minderheiten in Syrien, vor allem in der *Dschazira* mit ihrer besonders heterogenen Bevölkerungsstruktur – außer Kurden und Arabern leben dort unter anderem Armenier, Tscherkessen und Anhänger verschiedener Richtungen des Christentums. Der größte Teil der syrischen Kurden wird zu den Anhängern des sunnitischen Islam gerechnet, einige wenige gehören der Sekte der Yeziden an.

Nach dem Sykes-Picot-Abkommen von 1916, in dem Gebiete des Osmanischen Reiches zwischen Frankreich und England aufgeteilt wurden, fiel Syrien unter französisches Mandat. Die Franzosen verfolgten gegenüber den Kurden eine wechselhafte Politik: zunächst unterstützten sie die kurdischen Nationalisten, um einige Jahre später, 1928, deren Organisation *Choibun* zu verbieten. In den fünfziger und beginnenden sechziger Jahren gerieten die Kurden besonders durch den

Panarabismus, der in der aus dem Zusammenschluß von Syrien und Ägypten entstandenen und von 1958 bis 1961 bestehenden Vereinigten Arabischen Republik gipfelte, unter stärkeren Druck, der 1960 einen Höhepunkt fand in der Verhaftung der Führer der Demokratischen Partei Kurdistans, die fortan nur noch im Untergrund weiterbestand und in Splittergruppen zerfiel. Doch auch nach der Machtübernahme der noch heute regierenden Baath-Partei 1963 verbesserte sich die Situation der Kurden in Syrien nicht, und sie blieben vielfältiger Diskriminierung ausgesetzt.

1967 wurden im Zuge einer Bodenreform viele Kurden enteignet; bei der darauffolgenden Verteilung jedoch wurden lediglich syrische Staatsbürger berücksichtigt, so daß zahlreiche Kurden, denen die syrische Staatsbürgerschaft verweigert wurde, keine Landentschädigungen erhielten. Auch andere staatsbürgerliche Rechte bleiben ihnen bis heute vorenthalten. Darüber hinaus sind den Kurden höhere Ränge im öffentlichen Dienst und in der Armee verwehrt, ebenso die Gründung und der Besuch eigener Schulen; infolgedessen läßt sich schwer einschätzen, wie weit in Syrien noch das Kurdische – eine dem Persischen verwandte iranische Sprache – beherrscht wird.

Während in der Vergangenheit unter den syrischen Kurden mehr oder weniger starke nationalistische Strömungen ein unabhängiges Kurdistan propagierten, wird diese Forderung heute kaum noch laut, vielmehr wird die Verbesserung der Lebensbedingungen angestrebt. Zwar scheint es den Kurden in Syrien besser zu gehen als etwa in der Türkei, dennoch begegnet die syrische Führung eher den Kurden der Nachbarländer mit Wohlwollen – ein allgemein beliebtes Verfahren, um nach der Devise «Der Feind meines Feindes ist mein Freund» die Destabilisierung der Anrainerstaaten zu betreiben.

Für weitere Informationen zum Thema sei auf den Band «Die Kurden – Geschichte, Politik, Kultur» von Martin Strohmeier und Lale Yalçın-Heckmann (Beck'sche Reihe 1329) verwiesen.

(Rembert Eufe)

Thomas Bernhard im dtv

»Wer in eine Übereinstimmung gerät mit dem radikalen Ernst, mit der glitzernd hellen Finsternis der Bernhardschen Innenweltaussagen, ist angesteckt, fühlt sich sicher vor Heuchelei und gefälligen Künstlerposen, leeren Gesten, bloßer Attitüde.«
Gabriele Wohmann im ›Spiegel‹

Die Ursache
Eine Andeutung
ISBN 3-423-01299-4

Thomas Bernhards Internatsjahre zwischen 1943 und 1946. »Wenn etwas aus diesem Werk zu lernen wäre, dann ist es eine absolute Wahrhaftigkeit.« (Frankfurter Allgemeine Zeitung)

Der Keller
Eine Entziehung
ISBN 3-423-01426-1

Die unmittelbare autobiographische Weiterführung seiner Jugenderinnerungen aus ›Die Ursache‹. Der Bericht setzt ein, als der sechzehnjährige Gymnasiast beschließt, sich seinem bisherigen verhaßten Leben zu entziehen ...

Der Atem
Eine Entscheidung
ISBN 3-423-01610-8

»In der Sterbekammer bringt sich der junge Thomas Bernhard selber zur Welt ... Aus dem Totenbett befreit er sich, in einem energischen Willensakt, ins zweite Leben.« (Die Zeit)

Die Kälte
Eine Isolation
ISBN 3-423-10307-8

Mit der Einweisung in die Lungenheilstätte Grafenhof endet der dritte Teil von Thomas Bernhards Jugenderinnerungen, und ein neues Kapitel in der Lebens- und Leidensgeschichte des Achtzehnjährigen beginnt.

Ein Kind
ISBN 3-423-10385-X

Die Schande einer unehelichen Geburt, die Alltagssorgen der Mutter und ihr ständiger Vorwurf: »Du hast mein Leben zerstört« überschatten Thomas Bernhards Kindheitsjahre. »Nur aus Liebe zu meinem Großvater habe ich mich in meiner Kindheit nicht umgebracht«, bekennt Bernhard rückblickend auf jene Zeit.

Javier Marías im dtv

»... ich glaube, das ist einer der größten im Augenblick lebenden Schriftsteller der Welt.«
Marcel Reich-Ranicki

Mein Herz so weiß
Roman
Übers. v. Elke Wehr
ISBN 3-423-12507-1
»Ich liebe dich, ich würde alles für dich tun. Ich würde sogar für dich töten.« Die meisterhaft gewebte Auflösung eines unerklärlichen Selbstmords: ein raffiniert inszenierter Roman über Liebe, Ehe, Treue und Verrat.

Alle Seelen
Roman
Übers. v. Elke Wehr
ISBN 3-423-12575-6
Als Gastdozent in Oxford beginnt ein junger Spanier eine Affäre mit der verheirateten Clare. Erst in der letzten gemeinsamen Nacht enthüllt sie ihr Geheimnis ...

Morgen in der Schlacht denk an mich
Roman
Übers. v. Carina v. Enzenberg und Hartmut Zahn
ISBN 3-423-12637-X
»Niemand denkt je daran, daß er irgendwann eine Tote in den Armen halten könnte.« Doch Marta stirbt. In Victors Armen. Den Armen eines Fremden. Der Ehemann auf Reisen, der kleine Sohn schlafend nebenan. Victor ist überfordert und flüchtet.

Als ich sterblich war
Erzählungen
Übers. v. Elke Wehr
ISBN 3-423-12779-1
Subtil inszenierte Geschichten über die Untiefen und Abgründe menschlicher Existenz, ganz große Kunst eines an Hitchcock geschulten Erzählers.

Während die Frauen schlafen
Erzählungen
Übers. v. Renate Zuniga
ISBN 3-423-12922-0

Alle unsere frühen Schlachten
Fußball-Stücke
Übers. v. Alexander Dobler und Catalina Rojas Hauser
ISBN 3-423-13010-5

Schwarzer Rücken der Zeit
Übers. v. Elke Wehr
ISBN 3-423-13018-0

Das Leben der Gespenster
Übers. v. Renate Zuniga
ISBN 3-423-13054-7

Geschriebenes Leben
Ironische Halbporträts
Übers. v. Carina v. Enzenberg
ISBN 3-423-13123-3

Milan Kundera im dtv

»Kunderas Werk ist die Comédie humaine
des 20. Jahrhunderts.«
Kvéstolav Chvatík

Abschiedswalzer
Roman
Übers. v. Susanna Roth
ISBN 3-423-**12429**-6

In einem Kurort umarmen sich acht Personen im Rhythmus eines Walzers, der immer schneller wird ... Die ernsthaftesten Fragen werden hier mit einer Leichtigkeit gestellt, die uns begreifen läßt, daß uns die moderne Welt selbst um das Recht auf das Tragische gebracht hat.

Der Scherz
Roman
Übers. v. Susanna Roth
ISBN 3-423-**12521**-7

Mit einer Postkarte, die als Scherz gedacht war, stürzt sich der Student Ludvik ins Unglück ... Vordergründig eine ČSSR-Satire, eigentlich ein Buch über »die grundlegende Problematik des Individuums, das ... doch nur Spielball ist«. (FAZ)

Das Leben ist anderswo
Roman
Übers. v. Susanna Roth
ISBN 3-423-**12730**-9

Jaromil, der Held des Romans, ist jung, talentiert und – ein Dichter. Seine ehrgeizige Mutter fördert sein Talent und begleitet ihn ein Leben lang überallhin.

Das Buch vom Lachen und Vergessen
Roman
Übers. v. Susanna Roth
ISBN 3-423-**12790**-2
und dtv großdruck
ISBN 3-423-**25210**-3

Im Lachen und Vergessen findet sich die ganze Ambivalenz menschlicher Gefühle, über die Milan Kundera einfühlsam und fesselnd zugleich schreibt.

Anna Mitgutsch im dtv

»Hier ist eine Autorin am Werk, die in puncto psychologischer Kompetenz nicht so leicht ihresgleichen hat.«
Dietmar Grieser in der ›Welt‹

Die Züchtigung
Roman
ISBN 3-423-10798-7

Eine Mutter, die als Kind geschlagen und ausgebeutet wurde, kann ihre eigene Tochter nur durch Schläge zu dem erziehen, was sie für ein »besseres Leben« hält. Ein literarisches Debüt, das fassungslos macht. »Dieses Buch muß gelesen werden ..., weil es eines der wenigen Bücher ist, die in ihren Leser/innen etwas bewirken, etwas bewegen, vielleicht auch etwas verändern.« (Ingrid Strobl in ›Emma‹)

Das andere Gesicht
Roman
ISBN 3-423-10975-0

Sonja und Jana verbindet von Kindheit an eine fragile, sich auf einem schmalen Grat bewegende Freundschaft. Später gibt es Achim, den beide lieben, der beide begehrt, der sich – ein abenteuernder, egozentrischer Künstler – nicht einlassen will auf die Liebe ...

Ausgrenzung
Roman
ISBN 3-423-12435-0

Die Geschichte einer Mutter und ihres autistischen Sohnes. Eine starke Frau und ein zartes Kind erschaffen sich selbst eine Welt, weil sie in der der anderen nicht zugelassen werden.

In fremden Städten
Roman
ISBN 3-423-12588-8

Eine Amerikanerin in Europa – zwischen zwei Welten und keiner ganz zugehörig. Sie verläßt ihre Familie in Österreich und kehrt zurück nach Massachusetts. Doch ihre Erwartungen wollen sich auch hier nicht erfüllen ... »Mitgutsch schreibt, als ginge es um ihr Leben.« (Erich Hackl in der ›Zeit‹)

Haus der Kindheit
Roman
ISBN 3-423-12952-2

Heimat, die es nur in der Erinnerung gibt: eine eindringliche Geschichte vom Fremdsein.

Marlen Haushofer im dtv

»Was das Werk der Österreicherin prägt und es so faszinierend macht, ist bei all seiner Klarheit sanfte Güte und menschliche Nachsicht für die ganz alltäglichen Dämonen in uns allen.«
Juliane Sattler in der ›Hessischen Allgemeinen‹

Eine Handvoll Leben
Roman
ISBN 3-423-**08461**-8
Eine Frau stellt sich ihrer Vergangenheit.

Die Frau mit den interessanten Träumen
Erzählungen
ISBN 3-423-**11206**-9

Schreckliche Treue
Erzählungen
ISBN 3-423-**11294**-8
»Sie beschreibt nicht nur Frauenschicksale im Sinne des heutigen Feminismus, sie nimmt sich auch der oft übersehenen Emanzipation der Männer an.« (Geno Hartlaub)

Die Tapetentür
Roman
ISBN 3-423-**11361**-8
Eine berufstätige junge Frau lebt allein in der Großstadt. Die Distanz zur Umwelt wächst, begleitet von einem Gefühl der Leere und Verlorenheit. Dann verliebt sie sich ...

Die Wand
Roman
ISBN 3-423-**12597**-7
Eine Frau findet sich eines Morgens in einem Jagdhaus in den Bergen abgeschnitten von der Welt. – Marlen Haushofers Hauptwerk und eines der Bücher, »für deren Existenz man ein Leben lang dankbar ist«. (Eva Demski)

Die Mansarde
Roman
ISBN 3-423-**12598**-5
»Ich habe einen bürgerlichen Mann geheiratet, führe einen bürgerlichen Haushalt und muß mich entsprechend benehmen. Der Abend in der Mansarde genügt für meine unbürgerlichen Ausschweifungen.«

Himmel, der nirgendwo endet
Roman
ISBN 3-423-**12599**-3
Ein autobiographischer Kindheitsroman.

Brigitte Kronauer im dtv

»Brigitte Kronauer ist die beste
Prosa schreibende Frau der Republik.«
Marcel Reich-Ranicki

Die gemusterte Nacht
Erzählungen

ISBN 3-423-11037-6

Minutiös beobachtete, von einer mitreißend genauen Sprache getragene Geschichten aus dem Alltag.

Berittener Bogenschütze
Roman

ISBN 3-423-11291-3

Ein Junggeselle, Literaturwissenschaftler, auf der Suche nach dem »schönen Quentchen Verheißung«. »Voller Leben, Gegenwart, direkt, komisch, sinnlich.« (Sibylle Cramer in der ›Frankfurter Allgemeinen Zeitung‹)

Rita Münster
Roman

ISBN 3-423-11430-4

»Ein weiblicher Entwicklungsroman, ohne Wehleidigkeit, ohne Berufung auf das wärmende Gruppengefühl. In ihrer starken Individualität, ihren Widersprüchen und ihrem Beharren auf Glück ist Rita Münster eine ganz und gar überzeugende Figur.« (Leonore Schwartz im ›Deutschen Allgemeinen Sonntagsblatt‹)

Die Frau in den Kissen
Roman

ISBN 3-423-12206-4

Alltagsmomente in der Großstadt. »... gehört zu den wenigen Büchern, die wirklich verblüffen.« (Iris Radisch in der ›Zeit‹)

Frau Mühlenbeck im Gehäus
Roman

ISBN 3-423-12732-5

Die Lebensgeschichten zweier Frauen.

Das Taschentuch
Roman

ISBN 3-423-12888-7

Die Geschichte eines Apothekers.

Schnurrer
Geschichten

ISBN 3-423-12976-X

Teufelsbrück
Roman

ISBN 3-423-13037-7

»Ein großer poetischer Roman über die Elbe, die Liebe und die Romantik in unromantischer Zeit.« (Reinhard Baumgart in der ›Zeit‹)

Michael Ondaatje im dtv

»Das kann Ondaatje wie nur wenige andere:
den Dingen ihre Melodie entlocken.«
Michael Althen in der ›Süddeutschen Zeitung‹

In der Haut eines Löwen
Roman
Übers. v. Peter Torberg
ISBN 3-423-**11742**-7

Kanada in den zwanziger und dreißiger Jahren. Ein Land im Aufbruch. »Ebenso spannend wie kompliziert, wunderbar leicht und höchst erotisch.« (Wolfgang Höbel in der ›Süddeutschen Zeitung‹)

Der englische Patient
Roman
Übers. v. Adelheid Dormagen
ISBN 3-423-**12131**-9

1945. Vier Menschen finden in einer toskanischen Villa Zuflucht. Im Zentrum steht der geheimnisvolle »englische Patient«, ein Flieger, der in Nordafrika abgeschossen wurde … »Ich kenne kein Buch von ähnlicher Eleganz.« (Richard Ford)

Buddy Boldens Blues
Roman
Übers. v. Adelheid Dormagen
ISBN 3-423-**12333**-8

Er war der beste, lauteste und meistgeliebte Jazzmusiker seiner Zeit: Buddy Bolden.

Es liegt in der Familie
Übers. v. Peter Torberg
ISBN 3-423-**12425**-3

Die Roaring Twenties auf Ceylon. Erinnerungen an das exzentrische Leben, dem sich die Mitglieder der Großfamilie Ondaatje hingaben, eine trinkfreudige, lebenslustige Gesellschaft …

Die gesammelten Werke von Billy the Kid
Übers. v. Werner Herzog
ISBN 3-423-**12662**-0

Die größte Legende des Wilden Westens – Liebhaber und Killer, ein halbes Kind noch und stets dem Tode nah.

Anils Geist
Roman
Übers. v. Melanie Walz
ISBN 3-423-**12928**-X

Im Auftrag einer Menschenrechtskommission kehrt die junge Anil in ihre Heimat Sri Lanka zurück und begibt sich in größte Gefahr.

Uwe Timm im dtv

»Als Stilist und Erzähler sucht Uwe Timm
in Deutschland seinesgleichen.«
Christian Kracht in ›Tempo‹

Heißer Sommer
Roman
ISBN 3-423-12547-0

Johannisnacht
Roman
ISBN 3-423-12592-6
»Ein witzig-liebevoller Roman über das Chaos nach dem Fall der Mauer.« (Wolfgang Seibel)

Der Schlangenbaum
Roman
ISBN 3-423-12643-4

Morenga
Roman
ISBN 3-423-12725-2

Kerbels Flucht
Roman
ISBN 3-423-12765-1

Römische Aufzeichnungen
ISBN 3-423-12766-X

Die Entdeckung der Currywurst
Novelle
ISBN 3-423-12839-9
»Eine ebenso groteske wie rührende Liebesgeschichte …« (Detlef Grumbach)

Nicht morgen, nicht gestern
Erzählungen
ISBN 3-423-12891-7

Kopfjäger
Roman
ISBN 3-423-12937-9
Ein faszinierender Roman aus dem Wirtschaftsleben.

Der Mann auf dem Hochrad
Roman
ISBN 3-423-12965-4

Rot
Roman
ISBN 3-423-13125-X
»Einer der schönsten, spannendsten und ernsthaftesten Romane der vergangenen Jahre.« (Matthias Altenburg)

Bei dtv junior:

Rennschwein Rudi Rüssel
ISBN 3-423-70285-0
Die Piratenamsel
ISBN 3-423-70347-4
Der Schatz auf Pagensand
ISBN 3-423-70593-0
Die Zugmaus
ISBN 3-423-70807-7

Antonio Tabucchi im dtv

»Tabucchi läßt Reales und Imaginäres ineinanderfließen und webt ein Gespinst von ›suspense‹, in dem man sich beim Lesen gerne verfängt.«
Barbara von Becker in der ›Zeit‹

Indisches Nachtstück
ISBN 3-423-11952-7
Auf den Spuren eines Mannes, der auf geheimnisvolle Weise in Indien verschollen ist. Forscht der Autor nach seinem eigenen Ich oder nach einer wirklichen Person?

Der Rand des Horizonts
Roman
ISBN 3-423-12302-8
In der Leichenhalle wird ein junger Mann eingeliefert, der bei einer Hausdurchsuchung erschossen wurde. Amateurdetektiv Spino will herausfinden, wer der Tote war ...

Erklärt Pereira
Eine Zeugenaussage
ISBN 3-423-12424-5
Pereira, ein in die Jahre gekommener, politisch uninteressierter Lokalreporter, gerät unversehens auf die Seite des Widerstandes gegen Salazar ...

Kleine Mißverständnisse ohne Bedeutung
Erzählungen
ISBN 3-423-12502-0

Lissabonner Requiem
Eine Halluzination
ISBN 3-423-12614-0
Eine hinreißende Liebeserklärung an Lissabon.

Der verschwundene Kopf des Damasceno Monteiro
Roman
ISBN 3-423-12671-X
In einem Gebüsch findet man die Leiche eines jungen Mannes – ohne Kopf. Reporter Firmino wird nach Porto geschickt, um das Verbrechen aufzuklären ...

Träume von Träumen
Erzählungen
ISBN 3-423-12806-2

Das Umkehrspiel
Erzählungen
ISBN 3-423-12851-8

Der schwarze Engel
Erzählungen
ISBN 3-423-12903-4

Alle Titel wurden übersetzt von Karin Fleischanderl